PUBLIC GOVERNANCE REVIEW

2016(1)

上海财经大学公共政策与治理研究院
公共治理研究中心

上海财经大学出版社

图书在版编目(CIP)数据

公共治理评论.2016.1/上海财经大学公共政策与治理研究院编.
—上海:上海财经大学出版社,2016.11
ISBN 978-7-5642-2589-6/F•2589

Ⅰ.①公… Ⅱ.①上… Ⅲ.①公共管理-文集 Ⅳ.①D035-53

中国版本图书馆 CIP 数据核字(2016)第 266682 号

□ 责任编辑　江　玉
□ 封面设计　张克瑶

GONGGONG ZHILI PINGLUN
公 共 治 理 评 论
2016(1)
上海财经大学公共政策与治理研究院

上海财经大学出版社出版发行
(上海市武东路 321 号乙　邮编 200434)
网　　址:http://www.sufep.com
电子邮箱:webmaster@sufep.com
全国新华书店经销
上海叶大印务发展有限公司印刷装订
2016 年 11 月第 1 版　2016 年 11 月第 1 次印刷

787mm×1092mm　1/16　8 印张(插页:2)　179 千字
定价:48.00 元

公共治理评论

PUBLIC GOVERNANCE REVIEW

目 录
CONTENTS

交通经济与政策

大学校园停车治理方式探究
——以美国大学为例 ………………………………………… 周江评 冯苏苇/3
中国城镇可持续发展的区域差异与空间集聚分析
——基于评价体系构建与实证检验 ……………………………………… 王 婧/12
东京大都市居民通勤行为研究 …………………………………………… 马祖琦/23
"最后一公里"公交供给创新模式及其绩效评估
——以S市M区公共自行车项目为例 …… 冯苏苇 汤 旸 贡 正 聂 池/35

公共财政

全面"营改增"后增值税抵扣链和行业税负衔接问题研究
——基于新扩围四大行业的多域样本分析 ………………………… 严才明/47
宏观视野下的"营改增"与新一轮财税改革取向刍议 ……………… 范建鏋/68
我国财政信息公开的阶段性目标
——基于IBP评估框架与数据的聚类分析 …… 曾军平 尹嘉玮 杨 玥/76

公共管理

基于省际差异的人口老龄化模式与养老保障发展指数研究 边 恕 纪绪勤 孙雅娜/93
教养方式与贫困儿童的抗逆力
——兼论我国社会救助的转向 …………………………………………… 郑飞北/103
我国养老保险转移接续的三个方案比较 ………………………………… 郑春荣/112

PUBLIC
GOVERNANCE
交通经济与政策
REVIEW

大学校园停车治理方式探究
——以美国大学为例*

周江评　冯苏苇**

摘　要： 随着我国城市快速发展，机动车拥有率不断上升，小汽车校园停车问题已成为一个广大师生普遍关注的热点和难点。本文在对校园停车问题定性的基础上，以美国校园为例，介绍校园停车的政策制定和日常管理原则，并以加州大学洛杉矶分校为背景，考察了大学校园停车的机构设置和工作流程。最后，探讨这些原则和做法对我国大学校园停车治理的启示，认为需要正确认识校园停车问题的政治、经济属性，充分考虑校园主要功能的发展和变化，进行长远规划，建立相应的管理机构和工作流程，把停车管理原则付诸实践。

关键词： 大学校园　停车　治理

一、引言

随着我国城市快速发展，机动车拥有率不断上升，居民开车出行成了各大城市的生活常态。在出行高峰期间，市中心和社区内停车位稀缺，供求矛盾突出，停车位缺口超过5 000万个。高校也不例外，校园停车问题已成为一个广大师生普遍关注的热点和难点。

近年来校园停车问题尖锐化，究其原因，主要表现在校园内部的机动车需求、交通规划以及管理策略三个方面。

首先，校园机动车需求激增，常态使用者（教职员工和学生）以及非常态使用者（访客）数量逐年上升。教师群体的私家车拥有量迅速增长，很多有条件的学生开车上学，同时高校与社会的交往也日益密切，校园内经常举办招生、就业宣讲等活动，吸引了大量社会车辆进入校园。

其次，校园路网规划不合理，道路设计欠妥，校园交通管理不善；尤其是停车设施规划滞后，停车泊位紧缺，停车设施相对单一，泊位使用周转率偏低。停车缺乏行为规范，车辆

---

* 本文部分内容曾发表于《澎湃新闻》"市政厅"栏目。作者周江评感谢朱巍对本文初稿的建议和点评。作者冯苏苇感谢2014—2015年访问加州大学洛杉矶分校（UCLA）期间Donald Shoup教授在停车治理上给予的指导。

** 作者简介：周江评，美国南加州大学政策、规划和发展专业博士，澳大利亚昆士兰大学地理、规划与环境管理学院助理教授，曾担任加州大学洛杉矶分校首席交通规划师（Principal Transportation Planner）；冯苏苇，上海财经大学公共经济与管理学院副教授，研究方向为交通经济与政策。

随意停放，甚至阻塞消防通道，造成了校园交通冲突，也留下风险隐患。

再次，管理策略选择失当。高校校园一般地理位置优越，大学停车场被视为一种社会资源，普遍认为校园有义务对全民开放，因而收费低廉，甚至是不收费。许多社会车辆将校园当成了长期停车场，也造成了校园交通的混乱。

校园"停车难、乱停车"造成的一系列不良后果包括：第一，停车需求的不断增加和车位资源的有限形成结构性矛盾，有时停车矛盾激化，甚至影响了教学科研活动的正常开展。第二，人流高度集中的校园容易产生机动车和行人的冲突，车辆作为流动的载体具有较大的安全隐患；一旦发生校园交通事故，由于校园、社区不属于交警管辖范围，纠纷调解和损失赔付会牵扯管理者大量的时间精力。第三，机动车在校园的随意出入及无序停放产生大量的噪声、粉尘污染，破坏了校园环境的整洁与文明，打破了高校校园应具有的宁静、和谐的人文气氛。这些由停车问题带来的秩序失范，亟待校园管理者予以重视。

20世纪60年代以来，西方发达国家经历了机动化普及过程，小汽车通勤比例很高，大学教职员工也多以开车上班为主，校园停车方面有了很多可供借鉴的实践经验。而国内研究侧重于个案的经验提升和技术层面的总结，鲜见对国际治理成效的介绍，尤其缺乏从社会治理方面来破解校园停车难题的案例。针对国内凸显的校园停车问题，本文关注一般情况下国外大学如何思考和应对校园小汽车的停车问题，并尝试探讨国外经验对国内校园的适用性。

二、大学校园停车问题的定性

大学校园停车问题很复杂，本文侧重思考几个大学校园停车最需要应对的问题：第一，究竟如何给大学校园停车问题定性？第二，大学校园停车的政策制定和日常管理应该遵循什么样的原则？第三，大学校园停车的机构设置和工作流程是怎样的？第四，放眼世界，大学校园停车有哪些成功案例可以参考？

对一个问题的定性，决定了我们对此如何思考以及采取什么手段应对。如果把大学校园停车问题定义为一个技术为主的问题，那么找到合适的技术力量，充分发挥其技术优势，就应该可以缓解乃至解决好校园停车问题。然而，校园停车问题本质上并非一个技术问题。在《校园停车的政治与经济》一文当中，美国著名的停车问题专家Donald Shoup指出，大学校园停车主要是一个政治与经济的问题，而非技术问题。

大学校园停车问题的政治、经济属性表现为以下三个方面：

第一，大学校园土地资源具有有限性和稀缺性，不同用途的土地在功能上相互竞争，与此同时，位置临近的、不同设施之间组合，共同决定了土地的综合功能。停车需要占用一定的土地资源，停车设施与其他设施在功能上处于竞合状态，决定了大学校园停车问题具有一定的经济、政治属性。

先来谈经济属性。绝大多数大学校园之所以有吸引力，在于功能设施的集聚性。从物质条件上讲，是因为在相对有限的土地上，密集而有效地建设和管理了不同类型的教学、科研及其必需的配套设施，例如教学楼、实验室、运动场、展览厅等。以上设施能为人们相互学习、交流和帮助以及增广见闻提供物质保障。各种设施的数量、质量和不同设施之间的衔接、配合，影响了以上保障功能的品质和绩效。停车设施（用地）和其他设施（用地）均属于物质保障的一部分，虽然它们之间也有相互支持的作用，但从土地占用角度，则更多属于一种竞争关系。

这里以一个极端的例子来讨论上述这种竞争关系。美国密歇根大学和爱荷华州立大学这两所大学的橄榄球场都有意建设在离主校区有一定距离的地方，或者说，这两个橄榄球场在与校园其他功能设施的竞争中处于下风，不得不远离主校园。为满足观看球赛的观众的需要，两个球场都建设有数以万计的停车位。在这里，除非有大型比赛，停车位都极其充足，对校园师生而言，大多数时候对停车位也都是近乎免费地使用。尽管从广义上讲，这里也是大学校园的一部分，但没有人愿意在此处久留，因为这里完全没有大学校园的气氛，也没有足够的教学、科研等设施。相反，在这两所大学的主校区，停车位经常都是一位难求，价格不菲，而校园却因为其他设施用地充足和搭配合理，像磁石一样吸引着诸多人流、车流。

从以上极端的例子可以看出：一个停车设施充足的地方，通常无法形成有竞争力和吸引力的大学校园；或者说，大学校园之所以有竞争力和吸引力，常常是因为停车设施和其他设施竞争时处于相对劣势。由此，也可以看出校园停车的经济属性。

因此，就经济属性而言，校园土地，尤其是校园核心区的土地，对于大学履行其主要功能——教学、科研而言，是稀缺的。如果停车设施使用土地过多，使得停车价格低廉乃至免费，尽管会给进出校园的人以便利，但一定会损害到大学正常履行主要功能。最极端的例子，就是上述大学橄榄球场。

再来谈政治属性。大学将自己多少、在哪的土地用来停车，又将多少、在哪的土地赋予其他功能，这不是一个技术问题，而是一个政治问题，它涉及公共决策程序，是校园内及周边各个利益相关者相互博弈的结果，而非技术大师能够单方面确定的。还是上述例子，密歇根大学和爱荷华州立大学两个学校橄榄球场的位置，以及配套停车设施的安排，如果仔细考量，很大程度上符合这两个学校的政治理性，并非纯技术上的考虑。

在其他大学校园，橄榄球场及其停车设施可以与主校园和谐共生。例如，加州大学伯克利分校的橄榄球场及其停车设施基本在主校园边上。从提高橄榄球场停车设施的使用效率出发，这一做法在技术上更为合理——在没有比赛时，橄榄球场的停车位可以和校园其他设施共享。从更大的地理范围看，加州大学伯克利分校校园周边用地早已被居民和企事业单位占据，它即使希望如密歇根大学和爱荷华州立大学那样安排橄榄球场和停车设施，因面临居民和企事业单位的拆迁，也基本不可行。

从以上三个大学校园的例子出发，可以看出停车问题的政治属性，无法以一套有普适性的技术路线、原则来处理。

第二，大学校园停车问题的政治、经济属性，表现在停车资源的配置始终贯穿于大学日常行政活动之中，是大学政治生活和行政议程的一部分。

这可以从以往大学高层领导的讲话中看出端倪。早在1966年，加州大学伯克利分校校长Clark Kerr就说过："我有时会想，现代大学其实就是一群共同对停车抱怨不止的教职工和具有企业家精神的人们的混合体。"从中可以看出，校园停车问题的解决，潜在的、政治上的重要目标,就是应对好人们的抱怨,而不是纯粹追求技术理性。

类似地,1993年加州大学洛杉矶分校校长Albert Carnesal在谈到停车问题时,也说到:"在加州大学洛杉矶分校,对每个人而言,停车都是重要的问题。加州大学洛杉矶分校在美国范围内,仅仅比德州农工大学和俄亥俄州立大学的停车位少。如果停车位是那么充足,为何在校园里停车似乎比性别和运动显得更加重要?校园停车问题的根源,不是停车位不够,而是价格不恰当。"Carnesal的话语充分揭示了校园停车的经济属性,以及应该怎样考虑校园停车表现出的所谓"短缺"问题。校园停车如果收费不合理,即使安排尽可能多的停车位,也很可能会导致供不应求。

第三,大学校园停车问题的政治、经济属性,从停车问题影响面和人们常规的应对方法,也可见一斑。

停车问题不只关乎开车者。在不同时刻,不同角色的人,比如步行者、公交乘客乃至住在校园里的人,都可能因停车问题受到影响。例如,停车位安排不当,会影响到步行者;校方无偿给开车者提供停车位,长期使用公共交通上下班的员工会感到不公平;住在校园里的人也会因停车位占据公共绿地而抱怨连连。要处理好以上问题,除了技术上的安排之外,绝大多数时候需要政治上的考量,以及不同利益相关者之间的协商。

从停车问题的一般应对方法,则可看出停车问题的经济属性。在美国,多数大学校园应对校园停车位不足的最常用办法,是提高停车价格,抑制开车和停车需求,然后利用校方停车费的收入,来补偿其他出行方式。在华盛顿大学、加州大学洛杉矶分校、伊利诺伊大学芝加哥分校等,乘坐公交车上下班的员工和学生,都会得到学校的公交票价补助。更加极端的,斯坦福大学一度为曾经开车、需要长期使用校园一个停车位的员工提供名为"绿色现金"的经济激励。这些员工在收取"绿色现金"后,保证不再开车上下班,不占用学校有限的停车位。学校虽然在"绿色现金"上支出不少,但如果为员工提供停车位而又不能按市场价格收取费用的话,则意味着更高的停车支出。

三、校园停车的政策制定和日常管理原则

给校园停车问题定了性,也就为校园停车的政策制定和日常管理应遵循何种原则奠定了良好基础。在以上定性的基础上,本文认为,校园停车的政策制定和日常管理有以下原则:

第一,保障政策制定和日常管理的公开、透明和民主。

这个无需赘言,因为校园停车问题人人关心,有很强的政治属性,只有做到政策制定和日常管理的公开、透明和民主,方能确保停车决策和管理不是为少数人操纵,更不是为少数人服务。

第二,停车政策和日常管理可以灵活运用政治、经济手段。

政治上的手段就是通过法律、法规引导,来管好停车及相关问题,如步行、公交和绿化等。为此,校园的核心区域可以设立刚性的停车位上限,确保给予行人、绿化和公共服务优先,确保那里不是为少数私人开车者服务,而是最大限度地为所有交通模式的人们服务,为校园的重要后勤功能服务。

例如，在加州大学洛杉矶分校，所有停车楼都位于校园核心区之外，核心区只设有少量后勤车辆的临时停靠车位、残疾人专用车位和接送客人的"即停即走"停车位。围绕着核心区，为提高安全性，核心区周围一圈的道路还设置了路障、单行线和减速带。车辆进入这些道路，必须确保行人安全。

经济上的手段，核心问题是控制好停车供需的比例，同时利用价格杠杆，确保已有停车位的高效使用。那么，什么是恰当的停车供需比例和已有停车位的高效使用呢？

对此，Donald Shoup 推荐的，也是在美国一些大学校园（也包括旧金山等一些美国城市）推行的"刚刚好"（Goldilock）原则：如果停车价格并非一成不变，价格变化使得某处停车场在高峰时段还有少量停车位，不至于让大多数驾驶员扫兴而归，那么停车供需关系、停车价格是合理的，已有停车位的使用也是高效的。Shoup 及其合作者 Gregory Pierce 在《美国规划学会会刊》上撰文指出，旧金山在落实上述原则后，一方面，大多数停车者不需要像以前那样四处寻找停车位，甚至是到处找也找不到停车位，另一方面，他们付出的平均停车价格比推行该原则之前少了1%。换言之，实施了"刚刚好"原则，停车者不但享受了便利，也有金钱上的节省。

第三，停车问题必须长远规划，充分考虑校园主要功能的发展和变化、由此而生的不同群体构成，以及这些群体对停车需求的动态变化和相互关系。

从整体上讲，大学校园的主要功能还是教学科研，而非让人们来方便乃至免费地停车。因此，停车问题必须服务于校园主要功能，而非为少数人提供停车便利。从以上观念出发，解决好校园停车问题的前提，是校方需要特别强调其主要功能，并对此有明确的长远规划和近期安排。否则，校园停车问题的解决，就会疲于奔命，失去方向。

第四，校园停车需要分门别类考虑不同的停车需求，在此基础上考虑不同停车需求的相互关系，以及满足不同需求背后潜在的公平性，还有更长时间维度上停车设施的收支问题。

例如，在加州大学洛杉矶分校，由于校园实在没有多余的土地，最新的7号停车库建在了校园的运动场之下，工程复杂，日常维护麻烦，耗资巨大。按照 Donald Shoup 估算，如果考虑完整的财务周期，7号停车库每个停车位每个月的成本是200多美元。但使用这些停车位的主要是学生，他们与在校园其他地方停车的人一样，也只是以远低于真实成本的价格停车，停车费用大约是55美元/月（2002年价格）。为负担7号停车库的近期建设成本，校方上调了所有人的停车价格。对此，很多不使用7号停车库的校园停车者就提出质疑：昂贵的7号停车库的成本，是否应该由在其他地方停车的用户来承担呢？这是否公平？还有，今日的人停车所带来的成本，一部分还需要未来的人来负担，这是否又合理？未来，很可能停车的需求会下降，有关成本很可能落在少数不得不开车的人身上，这是否又合理呢？

四、大学校园停车的机构设置和工作流程

有了以上原则，大学校园停车问题还是无法得到真正解决。大学必须设立合适的机构，建立相应的工作流程，才能把有关原则付诸现实。

在美国，通常学校的安全保卫部门具有一定执法权力，也有足够人手来执法。例如，加州各大学被授予了校园内部的违章停车、治安和交通管理的执法权。这些执法权往往是由学校的安全保卫部门具体实施。多数大学通常都有专人全职来管理学校的停车。这些专人，要么与学校的安全保卫部门一起办公，要么属于学校后勤部门的一部分。停车专职人员和学校的安全保卫部门一起，会使得对停车违章违法行为的处理更加便利。停车专职人员若属于学校后勤部门的一部分，则给停车的建设、维护等工作带来便利。但从以上实例看，似乎没有一个固定的安排能让与大学校园停车有关的所有问题都能得到最好的处理。

加州大学洛杉矶分校的校园停车、交通需求管理的绩效在美国小有名气，因此获得了一些奖项。下面试以加州大学洛杉矶分校为例，说明美国大学校园停车机构设置和工作流程的安排。

（一）独立的停车管理机构

加州大学洛杉矶分校是加州大学系统的一个最主要分校之一，也是美国最顶尖的公立大学之一。2015 年加州大学洛杉矶分校的师生达 73 610 人，每天通勤人数超过 6 万人。加州大学洛杉矶分校的校园除了常规的系科，也有美国西部最大的一个综合性医院——罗纳德·里根总统纪念医院。这家医院每天吸纳着数以万计的访客。如果不考虑访客的身份，每天进出加州大学洛杉矶分校校园的机动车车辆数一般都在 13 万辆左右。这么大量的车流，给学校的道路和停车设施带来了不小的压力。

在加州大学洛杉矶分校，校园停车被视作进出校园的师生、访客提供综合交通服务的一部分。学校在后勤部门有一个独立的、自负盈亏的机构，叫作 UCLA Transportation，来管理、协调校园及进出校园的综合交通服务。这个机构的日常经费来自学校停车收费形成的收入。在这个机构之下，又有若干相互独立但又经常密切合作的工作小组，承担各种专门化的职能，确保校园采用不同交通方式的人都有良好的机动性、安全性，同时使其产生的负面环境、社会和经济影响最小化。这些小组的专门化职能包括：突发和重大事件时校园交通组织、停车执法、停车设施维护、自营公交营运和维护、自有车辆租赁和维修、自营校园定制式小公交服务、校园交通规划和管理、公交补贴、进出校园交通监测、校园自行车管理、师生公共汽车补贴管理、财务、IT、文宣等。行政上，各个小组设有组长，组长向 UCLA Transportation 正职或副职负责人汇报工作。UCLA Transportation 正职负责人则向加州大学洛杉矶分校分管后勤的副校长汇报工作。

UCLA Transportation 自 1984 年创立起，一直以校园的学术发展规划为背景，制定其内部各项工作的远期和近期规划。在有关规划中，早年考虑的主要内容是停车位供需，近年考虑的内容已扩展到自行车交通、师生公交补贴、自营校园定制式小公交服务、校园公共自行车、进出校园机动车带来的尾气排放等。

（二）交通事务顾问委员会

为了辅助 UCLA Transportation 作出最好的决策，给校园的师生、访客提供最好的综合交通服务，加州大学洛杉矶分校还设有一个由校园师生代表构成的交通事务顾问委员会。通常，这个委员会有加州大学洛杉矶分校城市规划专业的一位不固定的教授长期服务,余下成员则是各学生代表、各个院系代表。委员会成员总数一般为11人。委员会每年有1~2次固定的会议。会议日程一般是：

(1)聆听 UCLA Transportation 所做的半年或全年的工作报告。

(2)由委员会向 UCLA Transportation 通报委员会所收到的师生对 UCLA Transportation 各种批评、意见和建议。

(3)针对(1)、(2)的情况,形成委员会和 UCLA Transportation 共同认可的行动计划,报学校高层,高层同意后,按照计划对 UCLA Transportation 的工作进行整改、充实或提高。

以上会议的与会人员名单,以及会议纪要,都面向全校师生公开。因此,与会人员的发言或辩论一般都比较谨慎、客观和理性。碰到有争议的问题时,委员会会以匿名投票的形式表决,实施少数服从多数的原则。

(三)外包服务

UCLA Transportation 尽管已能独立完成许多职能,但它仍然有很多功能、服务不能依靠内力完成。迄今为止,UCLA Transportation 至少有以下服务或产品是依靠外包或公开竞标的形式完成或获取的:校园内部交通信号灯维修和维护、进出校园交通监测系统维护和维修、停车场的设计和建造、灯光设施建设和维护、停车罚款的网上银行交易、按照小时停车的咪表的建设和维护。

(四)跨部门合作和跨校交流

校园交通(含停车)涉及所有师生,UCLA Transportation 还需与学校其他院系和后勤部门通力合作。UCLA Transportation 与院系合作,主要通过每个院系的交通协调员。这个协调员基本上是志愿者。UCLA Transportation 会把校园综合交通服务的内容和有关联络人名单做成一个小册子,通过院系的交通协调员分发给各院系的员工,尤其是新员工,并由交通协调员承担一定的对校园综合交通服务的介绍、解释工作。每年,UCLA Transportation 也会组织交通协调员开会,向他们介绍 UCLA Transportation 工作的进展和重点,特别是与绿色出行有关的内容。

UCLA Transportation 与学校其他后勤部门的合作,主要集中在校安全保卫、景观维护和建造管理、外联和公关部门。为了协调这些部门的合作,加州大学洛杉矶分校从2008年开始,还设有一名全职的校园可持续专员,其工作目标是通过跨后勤各部门、跨院系和后勤部门的合作,宣传、研究和实现更加绿色的校园。关于绿色校园,师生和访客的绿色出行也是其内涵和目标之一。

UCLA Transportation 也与加州其他大学的兄弟机构成立了加州可持续校园同盟。这个同盟每年在加州一所不同的大学召开一次会议。这个会议早年的主题,通常是绿色校园、停车管理、高效后勤等经验分享。但近些年,参会人员越来越多,主题的范围扩大了很多,最近的一次同盟会议,与会者演讲的题目已从新一代的停车咪表,一直扩展到师生对未来可持续发展校园的设想。

同盟及同盟会议促进了不同学校之间的相互学习和了解,也促进了一定的人才流动。笔者之一的几个同事,因为在 UCLA Transportation 的工作业绩突出,也被另外的大学挖走了。人才流动带来了人员、知识和经验的重新组合,这些组合则促进了各个学校综合交通服务水平的提高。2008年,含10个分校的整个加州大学系统,甚至利用各分校的人才,众筹出台了《加州大学系统应对全球气候变化的行动计划》。在这个行动计划中,停车、绿色出行、能源可持续性,以及与之相关的科研、教学、创新等问题,得到了系统和长效的考虑。这个计划,也是美国大学里的第一份类似文件。

五、对我国大学校园停车治理的启示

在美国,虽然大学校园被认为是全社会创新、创意最多的地方之一,但多数大学在解决校园停车问题时并没有体现出很多的创新和创意,甚至有违公平和效率的基本原则,所实施的停车管理实质上仅照顾了开车上下班的部分师生。近年来,快速机动化进程给我国校园停车治理带来了不小的挑战,正确认识校园停车问题的本质,借鉴西方校园停车治理经验,将有助于探索适合国情、校情的有效治理方式。

首先,校园停车问题的政治、经济属性,意味着校园有限的土地和空间资源存在一定的竞争性、冲突性和合作性,不同的资源分配方式最终会导致校园空间整体产出效率的差异,甚至会引发福利流失和公平扭曲等问题。我国城市高密度特征决定了校园用地的稀缺和紧凑,如何在有效空间内安排好学校主体功能(教学科研)以及辅助功能(停车等),并使多种功能协调一致,不同人群、不同出行方式对校园空间使用的效用极大化,这一问题考验高校后勤管理能力和治理水平。

其次,由于规划和设施一旦形成,会具有较长的生命周期,因而停车问题需要长远规划,充分考虑校园主要功能的发展和变化。与城市规划一样,校园规划和停车设施建设应该确保其准立法性质,并超越在领导任期之上,才能使得规划和设施在生命周期中更好地发挥功效,避免面子工程、形象工程。

最后,停车问题看似小事,但其中涉及学校中长期规划、各职能部门协作、教学科研计划执行以及师生出行行为等诸多方面,是一个典型的公共问题,需要行政、市场和社会多种力量的协同。目前,国内高校的停车事务主要由保卫、后勤等职能部门承担,有条件的高校可以设立独立的停车管理机构,以及借助学校独特的人才资源,设立涵盖多个学科的交通事务顾问委员会,并建立相应工作流程,把停车管理原则付诸实践。

大学校园在智力保障上,具有解决好停车问题乃至可持续发展、社会公平、应对全球气候变化等更重大问题的良好基础。本文呼吁更多大学校园在停车问题上有更宽的视野,更全面和理性的思考,贡献出更多创新和创意;同时,更希望能有人把那些有可迁徙性的想法、做法、创新和创意在全社会推广。那样,在不久的将来,停车不再是大学校园需要关注的一个热点、难点问题,师生们可以把更多的精力投入到生活中其他更重要的事,例如自我提升、运动健身和陪伴家人等。

参考文献:

[1]我国停车位缺口超5 000万个,国务院多举措破解停车难[EB/OL].2015-09-25.[2016-08-04].http://news.xinhuanet.com/politics/2015-09/25/c_1116683004.htm.

[2]马亮.大学校园停车规划与管理研究[J].现代交通技术,2011,1(8):76-79.

[3] 魏来.高校校园交通管理制度探索[J].重庆与世界,2012,29(1):48-49.

[4] 游克思,范益群.中心城高校校园静态交通系统的规划设计研究——以上海交通大学徐汇校区为例[J].交通与运输,2015(7):112-115.

[5] 葛泽胜.大学针对外来车辆停车收费问题的法律分析[J].商丘职业技术学院学报,2014,13(6):20-21.

[6] 秦卫明,张宁,张进胆.破解新时期高校校园停车难题——以南京工业大学模范马路校区为例[J].高校后勤研究,2011(5):79-81.

[7] 王少军.校园停车管理之出路探析[J].城市开发(物业管理),2010(10):39-41.

[8] Shoup D. The politics and economics of parking on campus[M]// Ison S, Rye T. *The Implementation and Effectiveness of Transport Demand Measures: An International Perspective*. Aldershot: Ashgate Publishing, 2008.

[9] Pierce G, Shoup D. Getting the prices right: an evaluation of pricing parking by demand in San Francisco[J]. *Journal of the American Planning Association*, 2013, 79(1): 67-81.

[10] UCLA Transportation. *State of the Commute*. Annual Report. 2015(1-12).

中国城镇可持续发展的区域差异与空间集聚分析
——基于评价体系构建与实证检验

王　婧[**]

摘　要： 快速的城镇化实践管理与技术指导手段之间的矛盾，严重威胁着未来中国的持续发展。为了切实地改变我国目前城镇发展失衡、综合功能亟待提升的落后局面，应该从我国基本国情和应用需求出发，借鉴国际上的先进经验和做法，对我国城镇化进程中的城镇发展进行顶层设计和系统研究。本研究主要集中在城镇可持续发展综合评价探索，基于城镇可持续发展指标体系的层次构建，构建了基于"经济—社会—生态"的ESE综合评价体系，并通过主成分分析法获得中国城镇经济、社会、生态发展评价指标，然后对2010年中国地级市的综合可持续发展水平进行统计数据的模拟计算。我们在研究中发现，中国城镇在可持续发展综合指数的评价结果明显地呈现出区域差异性，同时，结果显示出中国地级市可持续发展综合指数的分布具有突出的城市群空间集聚效应。通过该研究提出的政策内涵是重视城市可持续发展的生态指数和社会指数，从而获得一种均等化的发展，避免倚重于经济单一指标造成的城镇发展的恶性循环。

关键词： ESE综合评价体系　城镇可持续发展　区域差异性分析　空间集聚效应

一、问题的界定：中国城镇可持续发展综合评价困境

世界银行的研究报告指出，2000—2015年是中国城市快速发展的关键时期。我国快速而大规模的城镇化一方面意味着我国将迎来最重要的城乡社会转型，另一方面则使得城镇区域地形地物、土地利用、生态环境发生巨大变化。然而，由于我国国家战略中至今缺乏明确的国土空间整体布局及有力的城镇区域协调统筹机制，一方面导致城镇空间布局混乱、规划失衡、重复建设、功能紊乱、耕地紧缺、资源短缺、环境污染，严重威胁城镇协调发展，另一方面致使我国巨大的流动人口基本没有监控引导，城市盲流、居住就业压力、收入差异等带来一系列社会问题，对国家经济转型、城镇社会和谐、区域协调发展提出了巨大挑战。

为了切实改变目前城镇发展失衡、综合功能亟待提升的落后局面，应该从我国基本国

---

[*]　本文系上海财经大学服务上海行动计划(2014110454)、上海财经大学211四期建设新型城镇化道路研究(2013340027)资助项目。
[**]　作者简介：王婧，博士，上海财经大学城市与区域科学学院副教授，主要研究方向为可持续城镇规划与低碳能源经济。

情和应用需求出发，借鉴国际上的先进经验和做法，对我国城镇化进程的城镇空间发展进行顶层设计和系统研究，研究解决城镇实体地域的识别问题，建立基于城镇实体地域的城镇人口统计口径，研究解决区域变化发现与测定的关键技术问题，发展形成定性、定量和定位相结合的城镇化预测分析方法与评估调控手段，逐步建立和完善我国城镇化与村镇建设技术体系及运行机制，提高我国城镇综合功能水平，促进城镇的健康、和谐发展。

本研究将从我国的基本国情和现实基础出发，将我国城镇化和城镇发展的基本规律和不同地域的特定条件结合起来构建指标体系，涵盖社会、经济及生态子系统，研究成果对于进一步推动城乡一体化的进程，适时监测和综合评价目标区域城镇化发展的总体水平，消除城镇化进程中的薄弱环节，为政府决策提供科学依据，为城镇化和促进区域协调发展提供有力支撑，具有重要的经济、社会、环境效益。

二、文献综述

我国对可持续发展指标体系开展了广泛的研究与讨论，并提出了一些可持续发展指标体系的框架设想，探索或构建了国家级指标体系，省级指标体系，地方和部门的指标体系，特殊空间如流域的、山区的评价指标体系等。国家科技部组织的"中国可持续发展指标体系"，基于国家统计资料，将指标体系分为目标层、基准层1、基准层2和指标层。在指标层上分别设置了描述性指标体系（共计196个）和评价性指标体系（共计100个）。指标的覆盖面广，在系统分析与专家打分的基础上可以对国家可持续发展的总体态势进行科学的评价。然而，在具体操作过程中，该体系指标庞杂，不同区域难以用同一指标进行衡量、对比，使用的数据受到限制，有些数据只能反映局部的情况，得出的结论可能存在一定的片面性。中国科学院可持续发展研究组建立的由五大支持系统构成的中国可持续发展指标体系，以区域可持续发展为目标，分为总体层、系统层、状态层、变量层和要素层5个等级，用资源承载力、发展稳定性、经济生产力、环境缓冲力和管理调控能力来测度区域可持续发展能力。该指标体系选取了大量的参数，建立了一个大型数据库和模型，评价可持续发展的总体能力。但该指标体系在指标数目、指标量化、权重分配、数据的获取、指标可比性等方面问题突出。近年来，我国在省级层次可持续发展指标体系研究较多，如山东省城市可持续发展指标体系（山东师范大学山东省可持续发展研究中心，2001年），该体系呈明显的层次结构，它认为城市生态系统由自然、经济、社会3个基本层次组成，它们之间相互作用、相互依赖。指标体系包括了1个目标层、4个系统层、13个指数和31个指标，并对14个地级以上城市在1998年的可持续发展进程作了定量评价。南京大学数理与管理科学学院设计的江西省社会经济可持续发展评价指标体系，构造了系统要素型和发展特征型两种类型的指标体系，在评价方法上采用常用的算术加权法及主成分分析法(PCA)以及加权的PCA法，在确定权重时，采用主观赋权法和客观赋权法。再如由国家软科学研究项目可持续发展评判小组提出的云南省可持续发展指标体系，分为省级、市级和县级3个层次，从经济、社会和人口素质的发展态势三方面出发，使用了可持续发展协调度的评判方法，认为可持续发展协调度以发展度、资源承载能力和环境容量3项综合指数的协同发展为基础，协调度反映了3个系统之间的协调关系。同时，还使用了指数加权评分法，经济、社会、人口、资源承载力综合指数评价方法,环境容量综合指数数学模型和平均发展速度等方法,对云南省可持续发展进行了衡量。

加拿大关于联系人类—生态系统福利(The linked human/eco system well-being approach)的 NRTEE 方法,强调评价 4 个方面的问题:生态系统的状况(或健康)和完整性;广义上的人类福利(包括个体、社区和国家等)和自然、社会、文化与经济等属性的评价;人类和生态系统间的相互作用;以上三方面的整合及其相互间的关联。英国环境部依据可持续发展战略目标推出了英国可持续发展指标体系,目标有 4 个,每一个目标包含 21 个专题,每一个专题又包括若干关键目标和关键问题,在关键目标和问题下面再选择关键指标,共计有 118 个指标。荷兰 PPI 体系包括了荷兰的政策业绩指标及环境政策评价指标体系,让决策者能够评价荷兰国家环境规划(NEPP)的实施情况,其综合指数可以用于衡量政策目标的实现程度。

三、可持续发展的综合评价指标构建

(一)"经济—社会—生态"的综合指标架构

构建城镇可持续发展指标体系本着科学性原则、全面性与简明性原则、相关与动态性原则、实用与可比性原则、层次性原则、定性指标与定量指标相结合原则,指标体系应尽可能量化,但对于一些难以量化,其意义又重大的指标,也可以用定性指标来描述。中国城镇可持续评价体系的研究方针是在保证可获得性、科学性、全面性的基础上对中国的各级城镇的可持续发展进行合理的评价。指标层面在借鉴国内外研究文献的基础上,通过多轮专家讨论,确定可持续发展综合指标体系的框架由"1+3+N"三层指标构成,即由生态、社会、经济三大次级指标构成,该体系可通过时间序列数据比较实现研究对象的动态发展趋势,同样可以通过横截面数据比较实现多研究对象相对发展水平。

PCA 法是把反映样本某项特征的多个指标变量转化为少数几个综合变量的多元统计方法,其优点在于它是一种较为客观的评价方法,根据各项指标自身数据的相关关系和各项数据的变异来确定权重,故可作为区域可持续发展能力综合评价的方法。可持续发展综合评价指标体系的构建框架如图 1 所示,包括经济子系统(Economic System)、社会子系统(Society System)与生态子系统(Ecological System)三部分,即 ESE 综合评价体系。

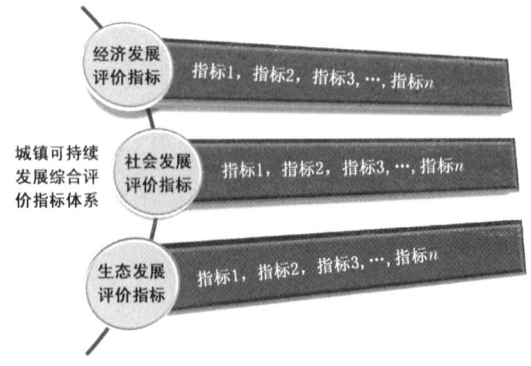

图 1　城镇可持续发展综合评价指标体系框架

实证分析数据来源为基于《中国城市统计年鉴》的地级市年度统计数据、县级市年度统计数据。在对中国的地级以上城市和县级市的指标进行分析时,采用经济、社会、生态三个子系统分类方法,对数据库中的子系统数据库进行分析和综合计算,得出各子系统指标及综合指标,用于衡量其可持续发展水平,并对地级以上城市和县级市的可持续发展分别进行综合评价和排名,作为城市可持续发展的标尺。因子得分是一个相对值,即该样本偏离所有样本均值(标准化数据样本)的程度,正值说明超过平均水平,可持续发展水平较高,负值说明低于平均水平,可持续发展水平较低,以此作为城市可持续排名的依据。本研究采用 PCA 法进行数据分析处理,先将指标标准化处理,再进行因子分析,从而确定评价指标对应的客观权重,最终获得综合评价指标。

(二)基于中国地级市统计数据的指标体系构建

考虑到数据的可获取性和研究的未来扩展性,本研究采用 2010 年全国地级以上城市数据(数据来源于《中国城市统计年鉴 2011》)。首先是基础指标选取与划分,对统计年鉴中的数据库纳入后进行分析,对所有指标都采纳为基础指标,依据各指标的方向和性质对指标进行分类;为减少子系统综合指标之间的关联度,对数据库中的指标以完全区分的方式归入经济、社会和生态三个子系统中,即各个子系统中的指标完全不重复,各项基础指标如表 1 所示。

表 1　　　　　　　　　　城镇可持续发展综合指标体系

城镇可持续发展综合指标体系	经济子系统基础指标	1	地区生产总值
		2	第二产业增加值占比
		3	第三产业增加值占比
		4	人均地区生产总值
		5	GDP 增长率
		6	社会消费品零售总额
		7	年末金融机构存款余额
		8	固定资产投资总额
		9	房地产开发投资完成额
		10	住宅开发投资完成额
	社会子系统基础指标	1	总人口
		2	非农业人口
		3	人口自然增长率
		4	人口密度
		5	普通中学在校学生数
		6	医院、卫生院床位数
		7	医院、卫生院技术人员数
		8	卫生体育福利业从业人员
		9	科研技术从业人员百分比
		10	职工平均工资
		11	耕地面积
	生态子系统基础指标	1	土地面积
		2	工业废水排放量
		3	工业废水排放达标率
		4	工业二氧化硫排放量
		5	工业烟尘排放量
		6	城镇生活污水处理率
		7	生活垃圾无害化处理率

1. 经济子系统指数检验

经济子系统遴选10项基础指标，利用PCA法对其数据进行模拟分析。首先对指标数据进行标准化处理和相关性分析，得到经济子系统中各项指标数据的相关系数矩阵（见表2），表明各项指标的相关程度，作为PCA的基础。

表2　　　　　　　　　　　　　　相关系数矩阵

	1	2	3	4	5	6	7	8	9	10
1	1.000	−.025	.459	.573	−.227	.975	.908	.873	.887	.886
2	−.025	1.000	−.657	.393	.138	−.107	−.143	.002	−.115	−.097
3	.459	−.657	1.000	.182	−.163	.526	.511	.402	.511	.506
4	.573	.393	.182	1.000	−.014	.489	.421	.489	.452	.467
5	−.227	.138	−.163	−.014	1.000	−.242	−.219	−.136	−.160	−.161
6	.975	−.107	.526	.489	−.242	1.000	.933	.862	.918	.908
7	.908	−.143	.511	.421	−.219	.933	1.000	.732	.901	.857
8	.873	.002	.402	.489	−.136	.862	.732	1.000	.886	.915
9	.887	−.115	.511	.452	−.160	.918	.901	.886	1.000	.987
10	.886	−.097	.506	.467	−.161	.908	.857	.915	.987	1.000

可见许多变量之间直接的相关性比较强，证明它们存在信息上的重叠。主成分个数提取原则为主成分对应的特征值大于1的前m个主成分。特征值在某种程度上可以被看作表示主成分影响力度大小的指标，如果特征值大于1，说明变量的平均解释力度大，因而一般可以用特征值大于1作为纳入标准。

表3　　　　　　　　　　　　方差分解主成分提取分析表

成　分	初始特征值			提取平方和载入		
	合计	方差的%	累积%	合计	方差的%	累积%
1	6.116	61.159	61.159	6.116	61.159	61.159
2	1.707	17.069	78.228	1.707	17.069	78.228

由相关系数矩阵$R10×10$可知有些变量之间存在较强的相关关系，因此有必要进行主成分分析。相关系数矩阵$R10×10$的10个特征向量为6.116，1.707，……，由表3可知，前两个特征向量的方差累计贡献率达到78.228%，说明这两个主成分提取了原始数据的绝大部分信息。从特征根分布的折线图（Scree Plot 碎石图）上可以看到，第2个λ值是一个明显的折点，也说明选取的主成分数目应有$p \leqslant 2$（见图2）。故可用这两个主成分来代替原先的10个指标来评价经济子系统的发展水平。

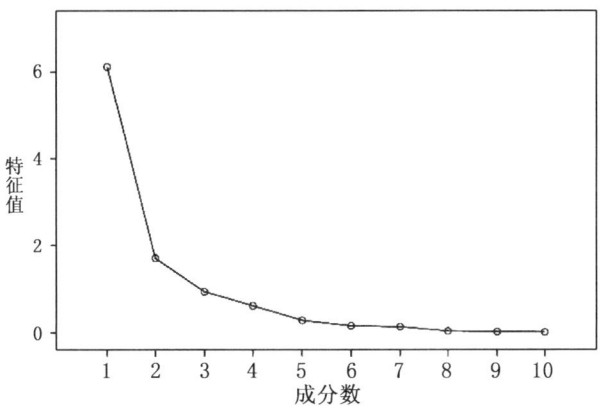

图 2　特征根分布折线

表 4　　　　　　　　　　　初始因子载荷矩阵

成分矩阵	成分 1	成分 2
Zscore(地区生产总值)	.963	.113
Zscore(第二产业增加值占比)	−.130	.946
Zscore(第三产业增加值占比)	.585	−.633
Zscore(人均地区生产总值)	.548	.557
Zscore(GDP 增长率)	−.236	.256
Zscore(社会消费品零售总额)	.974	.010
Zscore(年末金融机构存款余额)	.926	−.041
Zscore(固定资产投资总额)	.904	.141
Zscore(房地产开发投资完成额)	.964	.011
Zscore(住宅开发投资完成额)	.960	.031

这两个主成分的表达方程可以用初始向量 X 写为(见表4)：

$$EcI_1 = 0.963ZX_1 - 0.13ZX_2 + 0.585ZX_3 + 0.548ZX_4 - 0.236ZX_5 \\ + 0.974ZX_6 + 0.926ZX_7 + 0.904ZX_8 + 0.964ZX_9 + 0.96ZX_{10} \quad (1)$$

$$EcI_2 = 0.113ZX_1 + 0.946ZX_2 - 0.633ZX_3 + 0.557ZX_4 + 0.256ZX_5 \\ - 0.01ZX_6 - 0.041ZX_7 + 0.141ZX_8 + 0.011ZX_9 + 0.031ZX_{10} \quad (2)$$

主成分载荷矩阵中的数据除以主成分相对应的特征值开平方根便得到两个主成分中每个指标所对应的系数。以每个主成分所对应的特征值占所提取主成分总的特征值之和的比例(每个主成分的贡献率 K)作为权重计算经济子系统指标综合模型，即经济子系统综合发展水平表达式：

$$EcI = 0.61 EcI_1 + 0.17 EcI_2 \quad (3)$$

从此模型可以看出，主成分 EcI_1 中，地区生产总值、人均地区生产总值、社会消费品零售总额、年末金融机构存款余额、固定资产投资总额、房地产开发投资完成额、住宅开发投资完成额的载荷值较高,说明与EcI_1的相关度高,此处命名为经济性因子;而第二产业增加值占比、第三产业增加值占比与主成分EcI_2相关系数较高,可以称之为产业性因子。经济性因子的权重最高为0.606,说明其对经济子系统具有较高的影响度和重要性。

2. 社会子系统指数检验

社会子系统遴选11项基础指标,利用PCA法对其数据进行模拟分析,分析结果表明可用3个主成分因子评价社会子系统的发展水平。以每个主成分所对应的特征值占所提取主成分总的特征值之和的比例作为权重计算主成分综合模型,即得社会子系统综合指标模型:

$$SI = 0.498 SI_1 + 0.157 SI_2 + 0.114 SI_3 \tag{4}$$

在分析结果中,指标总人口、非农业人口、普通中学在校学生数、医院卫生院床位数、医院卫生院技术人员数与第一主成分SI_1具有较高相关性,可以称之为总量因子,指标人口自然增长率、耕地面积与第二主成分SI_2具有较高相关性,可以称之为产出因子,指标人口密度、科研技术从业人员百分比与第三主成分SI_3具有较高相关性,可以称之为集聚因子。而社会总量因子的权重最高为0.498,说明其对社会子系统具有较高的影响度和重要性。

3. 生态子系统指数检验

生态子系统遴选7项基础指标,利用PCA法对其数据进行模拟分析,分析结果表明,可用两个主成分因子评价生态子系统的发展水平。以每个主成分所对应的特征值占所提取主成分总的特征值之和的比例作为权重计算主成分综合模型,即得生态子系统综合指标模型:

$$EsI = 0.291 EsI_1 + 0.208 EsI_2 \tag{5}$$

在分析结果中,指标工业二氧化硫排放量、工业废水排放量、工业废水排放达标率、工业烟尘排放量与第一主成分EsI_1具有较高相关性,可以称之为排放源因子,指标土地面积、城镇生活污水处理率、生活垃圾无害化处理率与第二主成分EsI_2具有较高相关性,可以称之为排放汇因子。而两种因子的权重相差不大,说明减少污染排放与控制污染源头对生态子系统都具有相近的影响度和重要性。

(三)ESE综合评价模型及权重确定

在经济、社会和生态三个子系统综合指标的基础上,进一步综合为综合指标即可持续发展综合指标,用以评价城镇可持续发展水平。以上述三个子系统主成分指标为新的指标变量,对其进行主成分分析,分析结果显示只需要提取一个主成分因子即可描述三个子系统综合指标,进而得到各个子系统指标在可持续发展综合评价指标中所占的权重系数(见表5)。

表5　　　　　　　　　　　　初始因子载荷矩阵

成分矩阵	成　分
	1
$Zscore(EcI)$	.881
$Zscore(SI)$	.765
$Zscore(EsI)$	.722

在此基础上,可以得到可持续发展综合评价指标 SDI 的计算公式为:
$$SDI = 0.881 \times EcI + 0.765 \times SI + 0.722 \times EsI \tag{6}$$
可持续发展综合评价指标 SDI 由经济子系统指数 EcI、社会子系统指数 SI 及生态子系统指数 EsI 三部分组成,且三者权重较为接近。

四、中国城镇可持续发展综合评价的实证分析及区域分析

(一)城镇可持续发展的区域差异性分析

以此模型,通过计算可以得到 2010 年中国地级城市可持续发展经济、社会、生态及综合评价指标排名,其中排名前 20 位的城市如图 3 至图 6 所示。

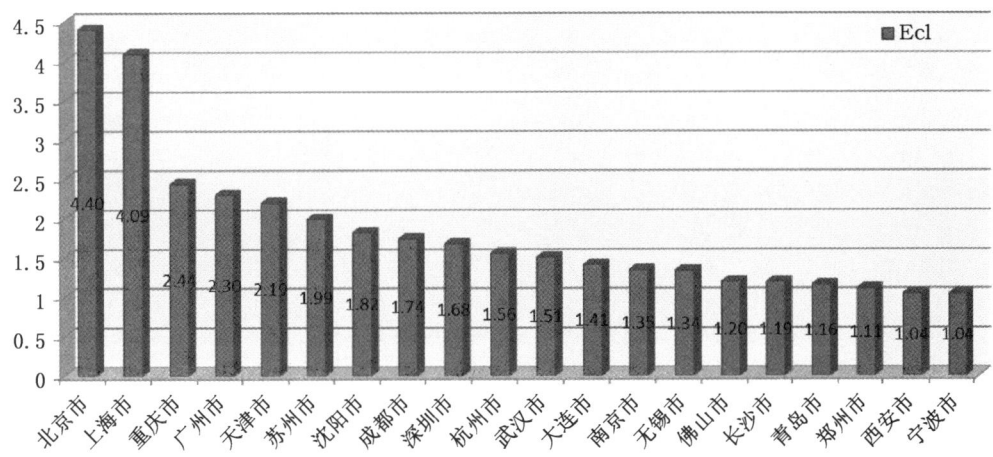

图 3　中国地级市经济可持续发展水平排名

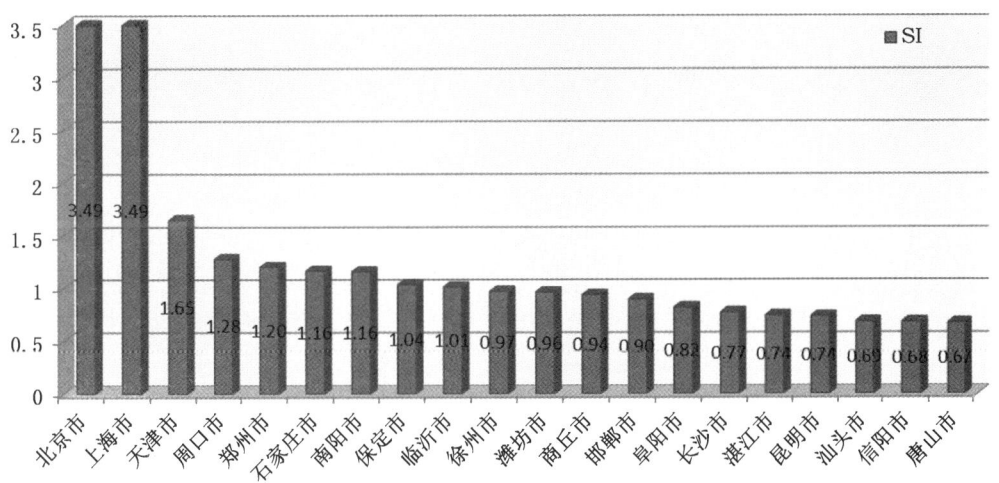

图 4　中国地级市社会可持续发展水平排名

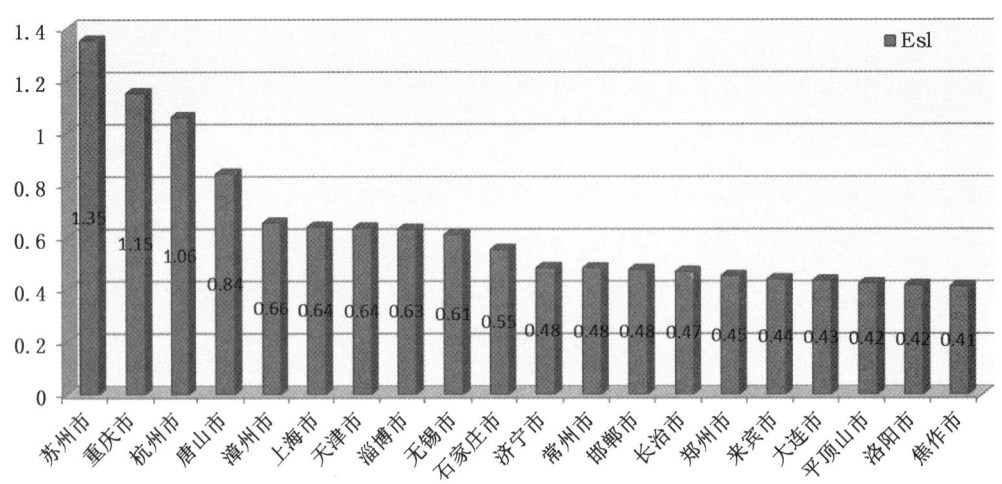

图 5 中国地级市生态可持续发展水平排名

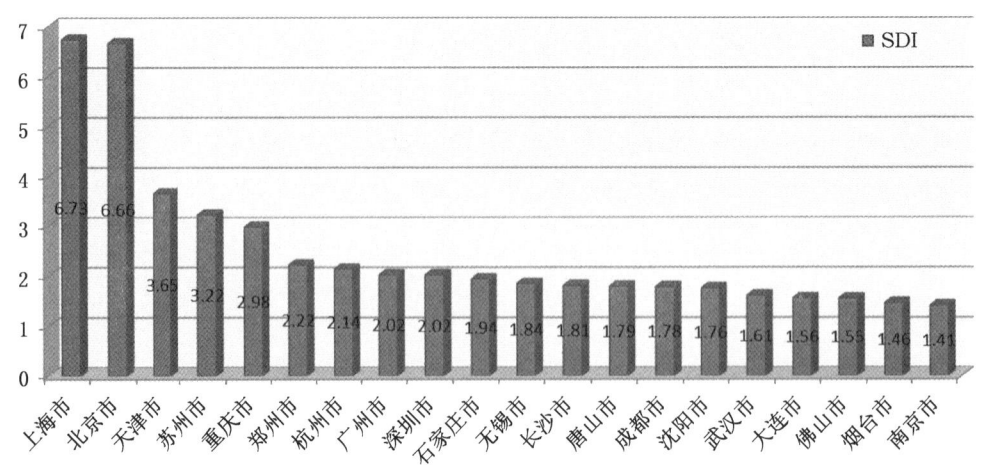

图 6 中国地级市可持续发展综合水平排名

上海市的经济、社会指数均列第二，由于生态指数较高（排名第六），超越生态环境可持续性较低的北京（经济、社会指数均列第一，生态指数排名第 87），最终在可持续综合排名中跃居第一位。苏州以其得天独厚的城市空间环境条件和稳步经济发展，生态指数名列第一，可持续发展综合指数跻身第四位。可见，可持续发展综合指标应体现经济发展可持续、社会资源可持续、地域生态条件可持续，而不是某一方面单一的优势。

(二)城镇可持续发展的空间集聚效应分析

除了城镇可持续发展的区域化差异，我们在研究中另一个更重要的发现是，在中国地级市可持续发展综合指数分布上，呈现出突出的空间集聚效应。通过可持续发展综合评价分析，结果基本符合中国城市目前的发展情况和各城市的总体情况（如图 7 所示）。

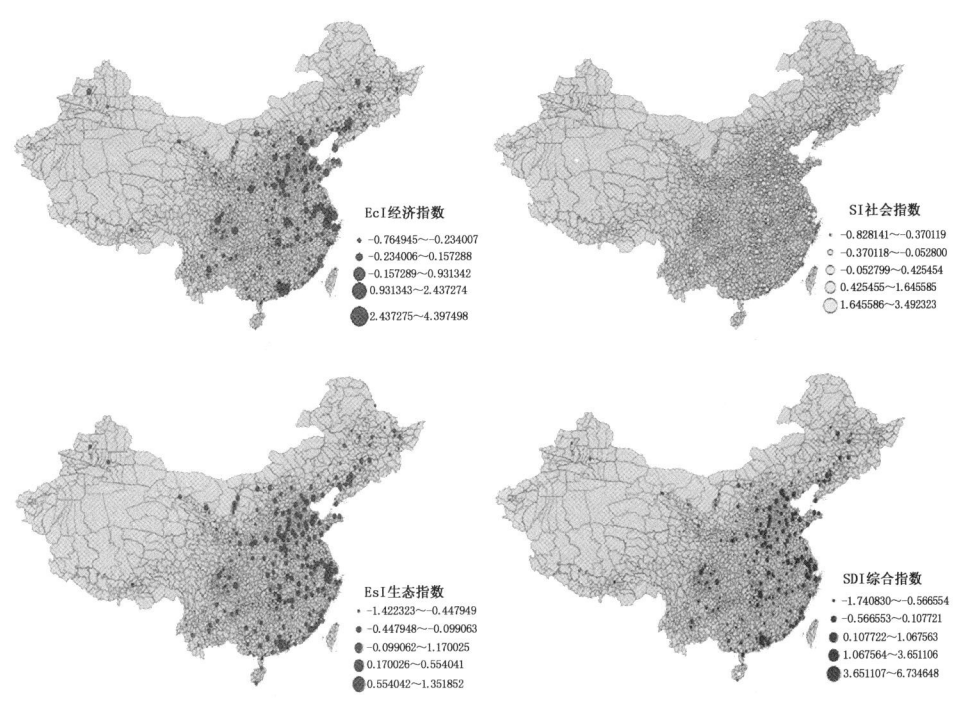

图7 中国地级市可持续发展经济、社会、生态及综合指数空间分布

我们可以发现,长三角、珠三角和京津冀城市群地区呈现高指数城市的集聚,特别是长三角和珠三角地区的高集聚密度更为明显。经济指数和生态指数的表现与综合指数的地域分布表现较为一致,整体上与几大城镇群空间分布和人口集聚趋同。社会指数分布较为平均,发展水平普遍不高,地域分布特征的差异性相对较弱。中国地级市可持续发展综合指数分布显示城市群集聚效应,分布表现与经济指数及生态指数较一致。

五、初步结论及政策建议

通过ESE城镇可持续发展的综合评价指标体系构建及对我国地级以上城市数据检验可知,运用PCA对各子系统指标和可持续发展评价指标体系分析的评价结果,基本符合中国城市目前的发展情况和各城市的总体情况。其中经济子系统指标被降维为经济性因子和产业性因子两个主成分,而经济性因子的权重最高为0.6116,说明对经济子系统具有相对较高的影响度和重要性。社会子系统包括社会总量因子、产出因子和集聚因子,而社会总量因子的权重最高,为0.498。生态子系统包括排放源因子和排放汇因子,两种因子的权重相差不大(分别为0.291及0.208),说明减少污染排放与控制污染源头对生态子系统都具有较高影响度和重要性。可持续发展综合指标应体现经济发展可持续、社会资源可持续、地域生态条件可持续,而不是某一方面单一的优势。PCA方法运用在经济子系统的评价分析中结果更加准确,这也与经济统计标准的量化程度较高有一定关系。由于生态子系统的基础指标数量较少,且相互之间的相关性也比较小,故通过PCA方法得到两个主因子概括不足,需要进一步完善其指标体系和分析构架,以提高生态子系统模型和可持续发展综合模型的评价可信度。同时,这一综合方法评价的是静态的发展情况,不能对未来情况作出预判和趋势预测,是对统计数据某时间断面的分析。同时,客观性亦是 PCA 方法的一个缺陷,在城镇可持续发展分析中,考虑到指标的地区性差异,通过数学方法确定的权重在适合某些地区的条件下,可能与另一些地区的实际情况有所偏差,这就需要根据经验对指标权重值进行校正,从而完善理论和应用模型。

参考文献:
[1]何晓群.现代统计分析方法与应用[M].北京:中国人民大学出版社,2007.
[2]朱启贵.可持续发展评估[M].上海:上海财经大学出版社,1999.
[3]于秀林,任雪松.多元统计分析[M]. 北京:中国统计出版社,1999.
[4]林海明,张文霖.主成分分析与因子分析详细的异同和 SPSS 软件[J].统计研究,2005(3).
[5]国家统计局.中国城市统计年鉴 2011[M]. 北京:中国统计出版社,2011.
[6]方创琳,张小雷.干旱区生态重建与经济可持续发展研究进展[J].生态学报,2001,21(7).
[7]蔚芳.可持续发展中国人居环境评价体系[M].北京:科学出版社,2004.
[8]郑杭生,等.社会指标理论研究[M].北京:中国人民大学出版社,1989.
[9]Greiner A,Semmler W.Economic growth and global warming:A model of multiple equilibria and thresholds[J].*Journal of Economic Behavior & Organization*,2005,57(4).
[10]Sutton P C,Costanza R. Global estimates of market and non-market values derived from nighttime satellite imagery, land cover, and ecosystem service valuation[J].*Ecological Economics*,2002,41(3).
[11]De Soyza A G,Whitford W G,Herrick J E.Early warning indicators of desertification: examples of tests in the Chihuahuan Desert[J].*Journal of Arid Environments*,1998,39(2).
[12]http://www.climatehotmap.org.[2009-01-20].
[13] Theophilopoulos N A, Efstathiadis S G, Petropoulos Y. ENVISYS environmental monitoring warning and emergency management system[J].*Spill Science & Technology Bulletin*,1996,3(1-2).
[14]Styles D,O'Brien P,O'Boyle S. Measuring the environmental performance of IPPC industry:devising a quantitative science-based and policy-weighted Environmental Emissions Index[J].*Environmental Science & Policy*,2009,12(3).
[15]http://www.epa.gov.[2009-01-22].
[16]Bartell S M,Lefebvre G,Kaminski G. An ecosystem model for assessing ecological risks in Québec rivers, lakes, and reservoirs[J].*Ecological Modelling*,1999,124(1).
[17]Tanguay G A,Rajaonson J,Lefebvre J F. Measuring the sustainability of cities:an analysis of the use of local indicators[J].*Ecological Indicators*, In Press, Corrected Proof, Available online 2009-08-31.
[18]Alcamo J,Endejan M B,Kaspar F. The GLASS model:a strategy for quantifying global environmental security[J].*Environmental Science & Policy*,2001,4(1).
[19]Greiner A,Semmler W.Economic growth and global warming:a model of multiple equilibria and thresholds[J].*Journal of Economic Behavior & Organization*,2005,57(4).

东京大都市居民通勤行为研究

马祖琦

摘　要： 在简要介绍相关研究背景的基础上,从出行总量、交通流量、出行速度、出行结构、通勤目的、通勤时间六个方面对东京居民就业通勤的现状特征进行概括。随后对东京居民通勤的时空分布规律进行总结。研究发现,东京的通勤交通与非通勤交通相互交错;内部通勤与外部通勤交叉混杂;就业向心化与居住离心化现象并存;就业通勤空间分布高度集中;跨区域通勤的空间分化显著;就业通勤呈现明显的空间衰减效应。最后进行了思考,认为要充分认识交通问题的复杂性、综合性及其连锁效应;着力推进公共交通建设,培育并强化公交优先理念;高度重视各种交通方式之间的衔接与协调工作;努力消除体制机制障碍,营造良好的制度环境。

关键词： 东京都　通勤　出行行为　时空分布规律

一、研究背景

东京(Tokyo)是日本的首都,也是全国的经济、金融、文化、商业中心。目前,与东京都有关的空间范围主要有4个(见图1),按照空间尺度从小到大的次序排列,分别是：

(1)东京都"区部"。"区"是东京都的基本行政区划单位。截至2014年,东京都共设有23个区,总面积622平方千米。区部的人口、经济能量、商业设施高度聚集,是高度城市化的地区。

(2)"东京都",即通常所说的"东京大都市",由23个区、26个市、5个町、8个村构成,行政辖区面积为2 187平方千米。

(3)"东京大都市区"(The Greater Tokyo Metropolitan Area),也称为"大东京"、"东京圈"。"一都三县"可以说是东京大都市区的实体地域。具体由东京都和外围的埼玉县(Saitama)、神奈川县(Kanagawa)、千叶县(Chiba)3个近郊县(prefectures)构成,人口约占日本总人口的28%。人们通常将东京称之为世界第一大城市,采用的地域范围口径就是

---

* 本研究得到教育部社科规划基金项目"长三角地区同城化趋势下居民跨城市通勤模式研究"(项目号：11YJA790029)、上海财经大学"211工程"重点学科建设项目资助。

** 作者简介：马祖琦,博士,上海财经大学公共经济与管理学院副教授,研究方向为城市与区域发展、城市规划与管理。

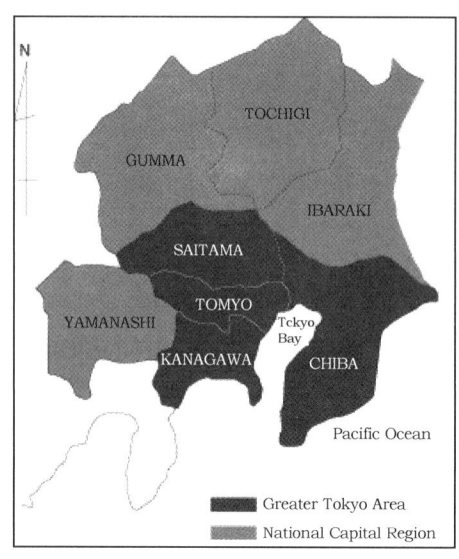

资料来源：东京都政府网站，http://www.metro.tokyo.jp/CHINESE/PROFILE/overview02.htm.[2011-03-30].

图 1 东京都在日本的区位及其地域构成

参照了这一概念。

(4)"国家首都区域"(The National Capital Region)，简称"首都圈"。范围包括"一都七县"，即在"东京圈"地域范围的基础上，再将周边 4 个远郊县囊括在内，分别是群马县(Gunma)、枥木县(Tochigi)、茨城县(Ibaraki)和山梨县(Yamanashi)。

1940 年，东京都人口即高达 735 万人。不过由于第二次世界大战重创，1945 年人口跌落至 349 万人。之后，东京的居住人口迅速反弹，呈现快速稳步增长态势。人口总量分别于 1956 年、1963 年和 2001 年超过了 800 万人、1 000 万人和 1 200 万人大关。截至 2016 年 9 月 1 日，东京都的居住总人口高达 1 362.6 万人，占日本全国总人口的 10% 以上，人口规模位列日本全国 47 个一级行政区之首。

在人口总量继续攀升的同时，东京都也是日本人口最为稠密的地区之一。根据 2010 年 10 月 1 日的数据，东京都的面积规模为 2 188 平方千米，平均人口密度为 6 016 人/平方千米。其中，区部人口密度 14 383 人/平方千米，市部人口密度 5 265 人/平方千米，町村部人口密度 111 人/平方千米。显然，区部作为东京都的核心区域，人口密度最高，因此也成为居民就业通勤研究的重点区域。

就年龄结构来看，东京的人口老龄化程度保持继续加深态势。1990 年，东京都老年人口(65 岁及以上)占总人口的比重达到了 10.5%，到了 2010 年，老年人口比例增长至 20.4%。按照联合国关于老年人口占总人口的比重达到 14% 即进入"老龄化社会"(aged society)的标准，东京都属于当之无愧的"超级老龄化社会"。

不过，人口结构的日益老化尚未动摇东京劳动力的供应量。尽管多年来东京的劳动年龄人口比重持续下降，2010 年已经降低至 68.2% 的历史低位，但是仍然高于日本全国

63.8%的平均水平。而且,从整个东京首都圈来看,劳动力的供应始终充足,为当地经济社会的发展提供了充裕的人力资源。自2000年以来,东京都市圈的劳动力总量和就业人口总量相当稳定,丝毫没有减少的迹象,分别维持在2 250万人和2 150万人左右。截至2011年,东京都市圈的劳动力总量为2 293万人,就业人口总量为2 188万人。

二、东京居民就业通勤的现状特征

(一)出行总量

从居民出行总量来看,1998年,东京大都市区①的日均居民出行次数达7 874万人次,比1988年增长了467万人次,增幅达6.3%(见图2)。其中,大都市区内部通勤的增幅为6.2%,跨区域通勤的增幅为26.5%。而且,出行总量以东京都外围的埼玉县、千叶县和茨城县南部地区居民出行总量的增长最为明显,增幅在10%以上。

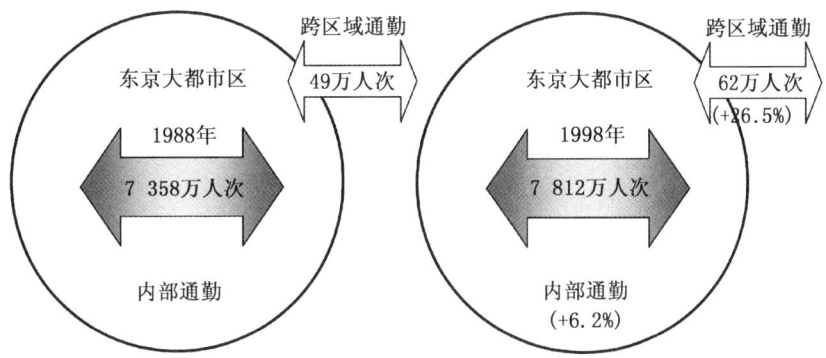

资料来源:Tokyo Metropolitan Region Transport Planning Commission. 4th (1998) Tokyo metropolitan region-person trip survey:Tokyo today as seen by the movements of people[R]. *Tokyo Metropolitan Region Transportation News*,Special Edition,1999(2):4.

图2　1988年、1998年东京大都市区的出行总量及其构成

(二)交通流量

从整体来看,1983—2005年间,东京都的交通流量总体呈现先稳步增长、后略有萎缩的态势。东京都的交通流量从1983年的3 960万车·千米/天,增长至1990年的4 290万车·千米/天,于1999年达到峰值(4 670万车·千米/天)。2005年,交通流量下降至4 510万车·千米/天。

分区域来看,区部作为人口和经济能量高度集聚的区域,交通流量高度集聚。有数据显示,1985年区部的交通流量约为3 000万车·千米/天,大约集中了东京都3/4的交通流量。后来,这一比例有所降低,但仍然保持在2/3以上,区部仍然是机动化交通相对旺盛的区域。

---

① "1998年东京大都市区居民出行调查"涉及的地域范围比传统的"一都三县"范围略大,包括东京都、埼玉县、神奈川县、千叶县以及茨城县南部地带,下同。

(三)出行速度

1983—2005年间,东京都的交通出行速度总体呈现基本稳定的态势,并且呈现一定的区域差异特征。从整体来看,1983年东京都的平均交通出行时速为25千米/小时,后来有所下降,在21千米/小时左右徘徊。

分地区来看,由于东京都的交通流量高度集聚于区部地区,使得区部的交通拥挤程度偏高,交通出行速度明显低于东京都其他地区。在1985—2005年的20年里,区部的交通出行速度在16千米/小时~20千米/小时之间波动,东京都其他地区的交通出行速度在23千米/小时~26千米/小时之间波动。

(四)出行结构

从总体来看,东京大都市区的就业通勤者更倾向于使用公共交通而非小汽车出行,特别是在区部更是如此。1998年数据显示,在整个东京大都市区,大约有一半的就业人员选择公共交通方式出行,使用小汽车方式出行的通勤者所占比重不足1/3。在区部,公共交通使用者所占比例高达70%,表明居民出行对公共交通的依赖程度相当高,小汽车使用者所占的比例仅为10%。

近年来,以轨道交通为代表的公共交通开始在东京都的居民出行结构中逐渐占据绝对主导地位,表明东京都的交通出行结构呈现继续优化态势(见图3)。具体来看,私人小汽车的出行比重持续下降,从1998年的32%下降至2008年的24%。同期轨道交通的比重有较大幅度的提升,从1998年的46%上升至2008年的53%,其他各交通出行方式的比重则基本保持稳定。

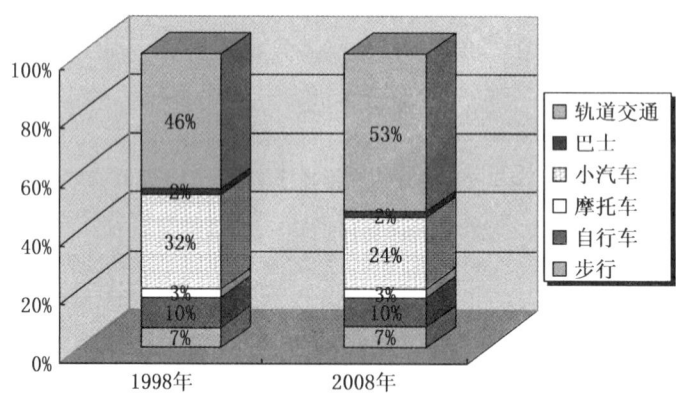

资料来源:Ratio of Commute Transportation in Tokyo Metropolitan Area. [2012—07—25] http://www.kankyo.metro.tokyo.jp/en/data.

图3 1998年、2008年东京都居民的出行结构

(五)通勤目的

从通勤目的来看,东京都居民返程(归宅)出行的比重最高,占出行总量的40%以上,其次是私人目的的出行。1988—1998年间,私人目的的出行的比重从23%增长至25%,工作通勤的比重从15%增长至16%。同期上学通勤和商务出行的比重则略有下降。

(六)通勤时间

通勤时间的长短受到出行方式、出行目的地(通勤距离)以及出行目的等一系列因素的影响。

首先来看出行方式。1998年东京大都市区的居民出行调查数据显示,东京大都市区居民出行的平均通勤时间为43分钟,其中公共交通的平均通勤时间为63分钟,几乎是小汽车平均通勤时间(32分钟)的2倍。横向比较来看,整个东京大都市区小汽车交通的平均通勤时间为32分钟,低于区部37分钟的水平;不过,整个东京大都市区公共交通的平均通勤时间为63分钟,明显高于区部49分钟的水平。

其次,随着出行目的地的不同,通勤时间及其内部构成表现出较强的差异性。如图4所示,在东京都的区部地区,通勤时间在30分钟以下的出行量仅占总出行量的19%,通勤时间在30~60分钟、60~90分钟的出行量比重分别为31%和34%。而且,以区部为目的地的出行平均通勤时间为56分钟,超过东京都大都市区43分钟的平均水平,表明区部地区有相当一部分就业人员属于跨区域、远距离通勤。与之相比,对于其他目的地来说,通勤时间在30分钟以下的出行量所占比重均在40%以上,茨城县南部地带甚至达到了70%。相应地,上述地区的平均通勤时间明显少于区部地区,减少幅度在20~30分钟不等。

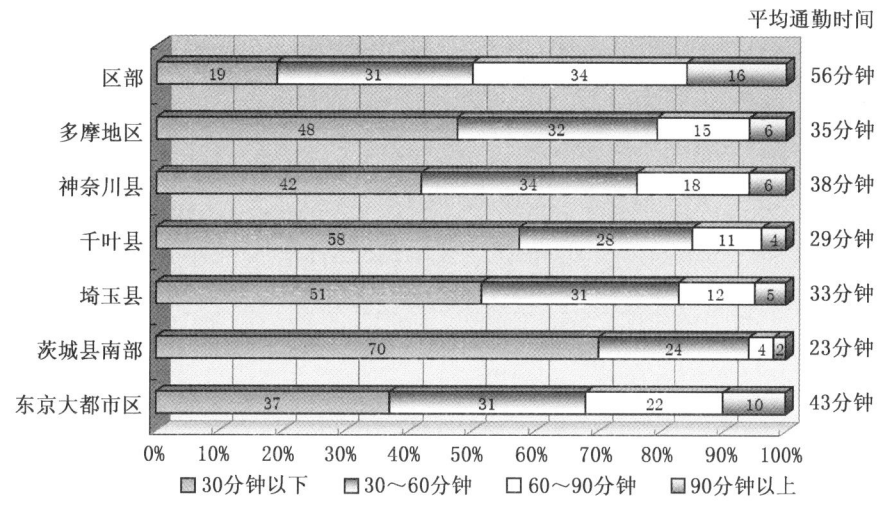

资料来源:Tokyo Metropolitan Region Transport Planning Commission.4th (1998) Tokyo metropolitan region-person trip survey: Tokyo today as seen by the movements of people[R]. *Tokyo Metropolitan Region Transportation News*,Special Edition,1999(2):11.

图4 1998年东京大都市区居民通勤时间结构(按照出行目的地划分)

近些年来,东京都居民通勤的时间结构趋于优化。2003—2008年间,东京都通勤时间在30分钟以下以及30~60分钟的出行量占居民总出行量的比重分别提高了6.6和4.3个百分点,达到了30.3%和41.6%。同期通勤时间在60~90分钟的出行量所占比重从26.9%下降至19.8%。这表明东京都居民的通勤条件和通勤能力有了较大幅度的改善和提高。不过,相对全国平均水平来说,东京都居民的通勤时间仍然偏高。就整个日本来说,通勤时间在 30 分钟以下的出行量所占比重高达 53.5%,比东京都整整高出 30 个百分点。

三、东京居民通勤的时空分布规律

(一)通勤交通与非通勤交通相互交错

图 5 显示了东京都居民在不同时间段的出行目的构成情况。显而易见,东京都居民出行的总体交通流量具有两个高峰,其中早高峰波动剧烈,于 10:00 达到顶峰,晚高峰的峰值波动相对平缓,但其持续时间较长。

具体来看,通勤交通(包括就业通勤和上学通勤)大约在 7:00 达到顶峰,通勤交通的返程(归宅)高峰大约出现在 17:00。与之相比,私人目的出行的交通高峰则出现在 10:00 和 13:00。通勤交通和非通勤交通属于两种性质不同的交通类型,两者在出行时间、出行目的和出行规律等方面存在显著差异。一方面,由于出行目的的不同,通勤交通与非通勤交通的出行时间有所错位。另一方面,由于通勤交通对出行时间的敏感性特别强,导致其无论是在交通流量变动的剧烈程度方面,还是在形态的陡峭程度方面,往往都要强于非通勤交通。

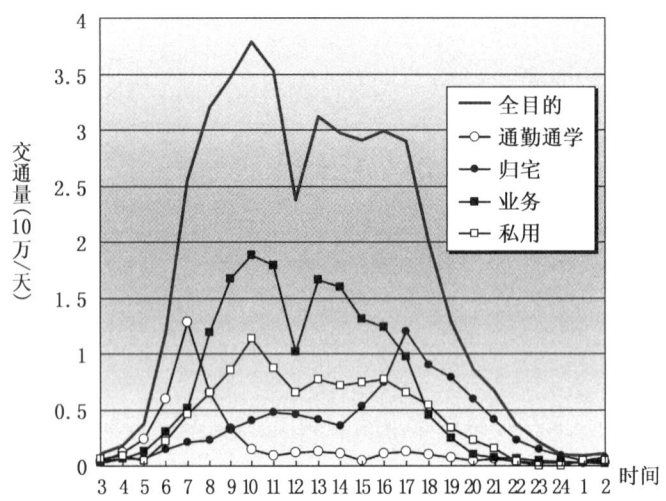

资料来源:http://www.mlit.go.jp/road/ir/ir-data/data_shu.html.[2012—08—04].
图 5 东京都各时间段日均交通流量(按照出行目的划分)

(二)内部通勤与外部通勤交叉混杂

所谓内部通勤,是指出行起点和出行终点均位于某一特定区域的出行活动。所谓外部通勤,是指出行起点和出行终点位于不同区域的出行活动。与内部通勤有所不同,外部通勤属于跨区域性的通勤活动,通勤距离往往较长。

就机动车来看,东京都的日均内部通勤与外部通勤(跨区域通勤)呈现两个突出特征。

首先,机动车的内部通勤出行量要远远超过外部通勤出行量。根据 1998 年数据,东京区部及多摩地区的内部机动车通勤交通量分别高达 495.47 万车次和 218.55 万车次。与之相比,同期埼玉县与东京区部及多摩地区之间的外部交通量分别为 52.98 万人次和

17.81万人次。神奈川县与东京区部与多摩地区之间的外部机动车交通量也分别达到 31.22万车次和 36.91万车次。

其次,尽管东京都区部地区与外围地区之间的跨区域通勤出行量增长幅度相当有限,但东京都外围各个县域之间的跨区域通勤出行量却保持快速增长势头。东京都区部外围地区的跨区域通勤的出行量正在快速增长。

(三)就业向心化与居住离心化现象并存

昼间人口指标能够反映当地就业机会的多少和区域经济活力的高低,而夜间人口指标更多地强调居住人口的规模。对昼间人口与夜间人口进行分析,有助于从就业与居住双重视角间接反映就业通勤人口的出行特征。当然,也能够根据两个指标之间的差异,间接推断跨区域通勤人口的大致规模。

一方面,东京都特别是区部作为一个庞大的就业中心,就业人口的向心化趋势继续强化。1975－2005年间,区部的昼间人口从1 072.54万人增加至1 128.47万人;同期东京都的昼间人口从1 335.95万人增加至1 497.76万人(见图6)。

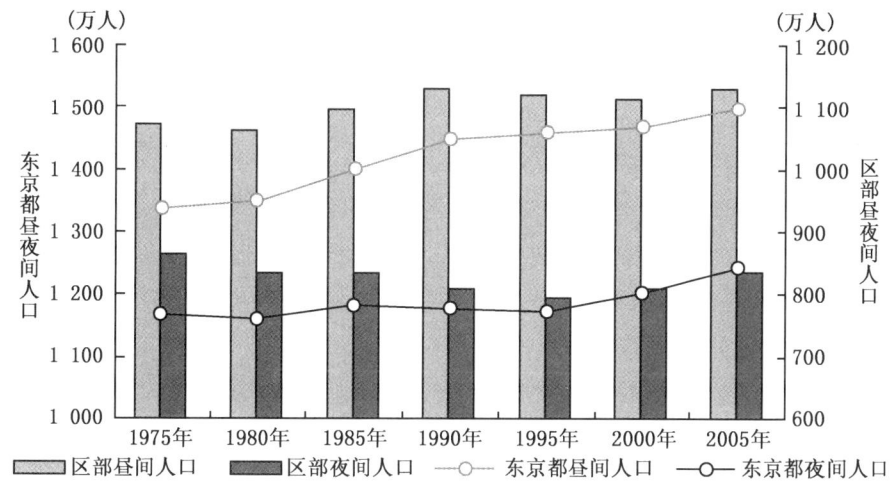

资料来源:根据2009年东京统计年鉴数据绘制。

图6　1975－1995年东京都和区部昼夜间人口变动

另一方面,居住的离心化倾向较为突出,这一点在东京都的区部特别是处于内圈层的几个特别区表现得尤为明显。1975－1995年期间,区部的夜间人口从864.65万人持续下降至793.52万人。之后,区部的夜间人口有所回升。不过,这种恢复性增长主要来自于邻近郊区的少数几个特别区的贡献。区部绝大多数地区的夜间人口保持持续低迷格局,这意味着区部地区居住离心化的趋势难以逆转。

(四)就业通勤空间分布高度集中

从总体来看,东京都特别是区部地区提供了大量的就业机会,使得就业通勤呈现空间高度集中的特征。2005年,东京区部、多摩地区和岛屿地区的昼间人口指数分别为135.1、90.8和101.5。显而易见,相对于多摩地区和岛屿地区,东京区部的昼间人口的数量明显超过夜间人口,属于典型的就业通勤导入区。

究其原因,每天有相当数量的外地居民需要从邻近区域到东京都区部就业,他们主要以上班族和学生为主,构成了东京都跨区域通勤人口的主体。上述跨区域通勤人口[①]主要来自于东京都外围的埼玉县(Saitama)、千叶县(Chiba)、神奈川县(Kanagawa)3个近郊县,2005年各自到东京都的内向通勤人数分别达到了89.64万人、71.72万人和95.46万人。

我们可以采用"昼夜间人口比率"(daytime population indices)衡量人口的昼夜差异程度,进而判断就业通勤的空间集中强度[②]。1995年,东京都千代田区、中央区、港区3个特别区的夜间总人口只有24.3万人,昼间人口却高达250.1万人,昼夜间人口比率高达1 029。特别是千代田区,其昼间人口高达94.99万人,但是夜间人口仅仅3.48万人,昼夜间人口比率竟然达到2 733,昼夜间人口差距将近30倍!与之形成强烈反差的是,处于都心地区外围的中野区、杉并区、丰岛区、北区、荒川区、板桥区、练马区、足立区、葛饰区、江户川区等特别区,昼夜间人口比率尚不足100,表明即使在区部内部,昼夜间人口比率仍然呈现显著的地域差异,就业机会仍然高度集中于核心圈层的少数几个特别区。

从时间序列来看,1975—1995年间,东京都区部的昼夜间人口比率在逐年上升,表明就业通勤的空间集中强度有所提升。1995—2005年间,东京都千代田区、中央区、港区3个特别区的夜间总人口从24.3万人上升至32.6万人,昼间总人口为从250.1万人下降至241.0万人,昼夜间人口比率从1995年的1 029下降至740。其中,千代田区的昼夜间人口比率从2 733下降至2 047,中央区的昼夜间人口比率从1 098下降至659,港区的昼夜间人口比率从589下降至489,同期其他特别区的昼夜间人口比率则基本保持稳定。尽管都心3个特别区的昼夜间人口比率出现下降,但依然保持高度坚挺,东京都核心区域作为就业中心的主导地位并没有动摇。

(五)跨区域通勤的空间分化显著

1975—2005年间,东京都昼间人口与夜间人口的差异在不断拉大。同期夜间人口增加了74万人,而昼间人口增加了162万人,昼间人口与夜间人口的差异由之前的168万人增加至256万人。其中,1975—2005年间,东京区部昼间人口增加了56万人,而同期夜间人口减少了29万人,昼间人口与夜间人口的差异由之前的208万人扩大至293万人。到了2010年,东京都的昼间人口和夜间人口分别达到了1 557.6万人和1 315.9万人。尽管昼间人口与夜间人口的差异略有降低,但是跨区域通勤的人口数量却在不断增长。

跨区域通勤可进一步分解为内向通勤与外向通勤。前者是指在都市区外围居住,到中心城区就业(上学)的通勤行为,可用"流入人口"指标衡量;后者是指在中心城区居住,到都市区外围就业(上学)的通勤行为,可用"流出人口"指标来衡量。

由于昼间人口与夜间人口的差额等于流入人口与流出人口之差,而两者相互抵消,会

---

① 此处仅指在东京都外围地区居住,到东京都就业的内向通勤者,不含在东京都内部居住,到东京都外围就业的外向通勤人口。

② "昼夜间人口比率"的衡量方法是,假定夜间人口为100,进而计算昼间人口的相对数量。昼夜间人口比率 =(昼间人口÷夜间人口)×100。

在一定程度上掩盖跨区域通勤的实际出行量。因此,对流入人口与流出人口单独进行分析,能够更为细致地反映跨区域通勤人数。

2005年,东京都的流入人口为305.1万人(其中通勤者270.4万人,通学者34.7万人)[①];流出人口48.9万人(其中通勤者41.4万人,通学者7.5万人),跨区域通勤总量达354万人。同年区部的流入人口为335.4万人(其中通勤者301.7万人,通学者33.7万人),流出人口42.2万人(其中通勤者33.5万人,通学者8.7万人),跨区域通勤总量达396万人。可见,跨区域通勤量以内向通勤为主,外向通勤为辅,以就业通勤为主,以就学通勤为辅,并且总量呈现不断增长态势,表明东京都的跨区域就业通勤活动较为活跃。

(六)就业通勤呈现明显的空间衰减效应

职住距离越长,居民就业通勤的时间成本就越高。因此,在出行方式一定的情况下,就业区位和居住区位往往相互制衡,受到空间距离的强烈约束。要么居住区位尽量靠近就业区位,要么就业区位尽量靠近居住区位。不过,发达的交通基础设施特别是完善的轨道交通网络的建设能够有效压缩居民通勤的时间成本,从而显著改善居民的就业—居住格局。

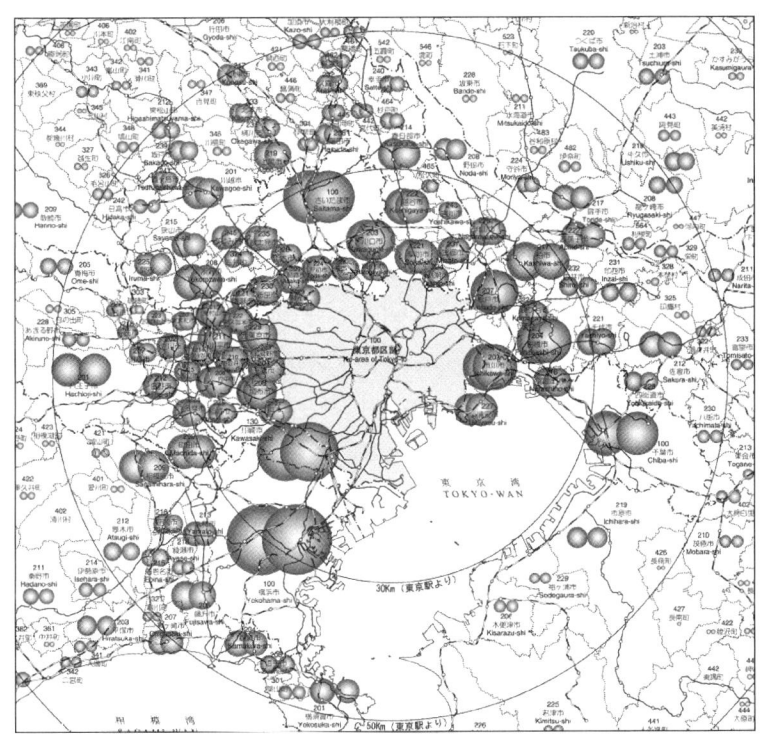

注:左圆圈为1995年数据,右圆圈为2005年数据,笔者注。
资料来源:大都市への通勤・通学人口図(平成17年),東京都区部への通勤・通学人口(平成7年、17年)。

图7 东京都区部的通勤与通学人口分布

---

① 昼间人口=夜间人口+流入人口-流出人口。其中,跨区域通勤人口=流入人口+流出人口。

由于空间距离的阻滞作用,随着职住距离的延长和通勤距离的增加,跨区域通勤者数量呈现快速萎缩态势。如图7所示,绝大多数到区部进行跨区域通勤的居民居住在环绕东京都核心区30千米半径的圈层内,30~50千米半径圈层内的跨区域通勤人口数量显著下降,而在50千米以外,到区部跨区域通勤的居民数量急剧减少,随着通勤距离的延长,仅有零星分布的通勤者。

四、思考与启示

(一)充分认识交通问题的复杂性、综合性及其连锁效应

交通作为城市的一项重要职能,也是最为贴近居民日常生活和工作的基本活动。城市交通问题关系到产业发展、环境保护、规划布局、土地利用乃至影响就业的可达性和居民福利,可谓是牵一发而动全身。正是由于城市交通问题具有相当的复杂性,容易引发广泛的连锁效应,决定了城市交通问题的治理绝非凭借单一政策即能完成,而需要统筹协调,综合发挥诸多政策的协同作用与集成优势。为此,我们要着眼于区域视角,从战略上高度重视交通问题。既要适度加大交通基础设施与公共交通服务设施的建设,从供给层面提高交通承受能力;又要调整土地利用和人口、产业布局,从空间层面疏导交通流量,分散交通压力;还要调整交通需求,从源头上抑制私人小汽车的交通需求,缓解供需失衡矛盾。

(二)着力推进公共交通建设,培育并强化公交优先理念

从世界范围来看,在纽约、东京、伦敦、巴黎等许多特大城市,公共交通都在当地居民日常出行活动中占有极其重要的地位。一方面,这说明它们高度重视公共交通建设,充分认识到公共交通在缓解城市交通压力方面所起到的巨大作用。当然另一方面,这也说明大城市人口密集,土地利用集约,具有优先发展公共交通独特的天然优势。

在发展思路上,是优先发展公共交通,还是优先发展私人小汽车交通,抑或是两者共同发展,会产生不同的后果。其中,发展时序的选择甚为关键。公共交通与私人小汽车交通的发展时序不同,会孕育不同的交通出行环境,最终会促成特定的出行结构和通勤格局。值得注意的是,尽管我国许多大城市加大了公共交通系统的建设力度,但是私人机动化交通也取得了同样甚至更快的发展速度。倘若不对此加以纠正,没有正确处理好公共交通与私人小汽车交通之间的关系,那么公交优先的战略思想仍然难以体现。为此,必须努力营造公共交通优先的外部环境和良好氛围,让公共交通出行者也能够更加体面地出行。

(三)高度重视各种交通方式之间的衔接与协调工作

只有各种交通方式之间实现高效衔接,才能最大限度地满足居民出行需求。当前,我国高速铁路建设快速发展,居民出行的时空距离得以被显著地压缩,"同城化"效应正在初步显现。但是,也不能过分夸大高速城际交通在扩大城市居民就业通勤范围方面的作用。根据我们对上海市居民的小范围问卷调查,与市域范围内部的通勤活动相比,当前上海市居民跨区域(市域)性的日常通勤活动仍然微乎其微,这说明上海市民的日常通勤圈层仍然局限于市域范围内部。

应当指出,居民出行的成本除了包括乘坐特定交通方式所需支付的货币成本之外,还需要考虑乘坐某一交通工具所直接耗费的时间成本,以及各种交通方式之间换乘的间接时间成本。倘若城市内部各类交通方式之间衔接不畅,将会极大地挫伤甚至抑制居民远距离通勤的积极性。因此,为了更好地发挥同城效应,除了强化城际交通建设,提高城际之间的通达度以外,还要做好城市市域范围内部各种交通方式的衔接工作。只有城市外部交通和城市内部交通相互衔接,融为一体,才能为居民跨区域性日常就业通勤活动营造更加适宜的外部支撑环境。

(四)努力消除体制机制障碍,营造良好的制度环境

对于各类交通方式来说,其运营与管理往往归属于不同的行业与部门,相互之间在站点布局、工作重点、运营方式等方面存在显著差异。由于涉及诸多管理主体与利益主体,交通服务部门在提供出行服务时,难免会陷入行业分割与部门分割的尴尬境地。例如,在一些特大城市,地铁站点与巴士站点缺乏协调的情况并不少见,给居民换乘带来许多不便。再如,某条地铁线路过于拥挤而需要限流,同时需要公交公司及时安排通勤巴士予以配合时,公交公司却并没有将通勤巴士安排在恰当的路段,分流的措施形同虚设。

为此,有必要在相关部门和行业之间构建一定的联动协调机制,从理顺体制和机制入手,共同改进、提高公共交通的服务质量。例如,巴士交通可以凭借自身运营线路的灵活性与机动性优势,配合现有地铁站点进行相关运营线路的调整,做好接驳工作。

五、结语

居民的就业通勤模式作为一种现象和结果,是居民自由选择的产物。通勤者需要综合考虑交通的供给水平、自身交通需求、交通出行成本的承受能力以及诸多交通方式的优劣等一系列因素,最终确定合适的交通出行方式。可以说,居民的就业通勤模式有其相当的合理性。

不过,个体的理性并不意味着集体的理性。为了实现区域层面交通需求的理性选择,一方面,可以从区域规划的视角,科学配置产业和居住活动,促进产城融合,从源头上降低就业人员的通勤距离;另一方面,在特定的通勤距离条件下,通过构建综合交通服务体系,合理组织交通线路,有效疏导分散交通压力,整体提高各类交通特别是公共交通的服务质量,让居民享受到公共交通优先的实惠,引导居民摒弃小汽车交通,尽可能选择公共交通出行。

当然,鉴于交通问题的综合性和通勤行为的复杂性,应当跳出交通视角,从更广的领域寻求交通问题的解决策略。日本是人口高密度国家,东京是人口高度密集的世界级大都市,其国情和区域属性乃至历史文化都与我国颇为类似,总结其经验做法,有助于为我国大城市就业通勤问题提供一些思路及借鉴。

参考文献:

[1]蒋荣. 东京都市区模式及其对中国都市区的借鉴意义[J]. 中国方域——行政区划与地名,2003(3):24-27.

[2]谭纵波. 东京大城市圈的形成、问题与对策——对北京的启示[J]. 国外城市规划,2002(2):8-11.

［3］東京都の人口（推計）［EB/OL］.［2016－10－25］.http://www.toukei.metro.tokyo.jp/jsuikei/js-index.htm.

［4］首都圏整備に関する年次報告，第 180 回国会（常会）提出，2011:41.

［5］Traffic Volume and Traffic Speed in Tokyo［EB/OL］.［2012－07－25］.http://www.kankyo.metro.tokyo.jp/en/data.

［6］Ratio of Commute Transportation in Tokyo Metropolitan Area［EB/OL］.［2012－07－25］.http://www.kankyo.metro.tokyo.jp/en/data.

［7］Mizuki Kawabata, Akiko Takahashi. Spatial Dimensions of Job Accessibility by Commuting Time and Mode in the Tokyo Metropolitan Area［EB/OL］.［2011－11－11］.http://www.csis.u-tokyo.ac.jp/~mizuki/paper/2005_tagis.pdf.

［8］東京都内における通勤、通学の状況.「住宅・土地統計調査」資料編［R］.2008(4).

［9］马祖琦.伦敦中心区"交通拥挤收费"的运作效果、最新进展与相关思考［J］.国际城市规划，2007(3):85－90.

［10］Tokyo Metropolitan Region Transport Planning Commission. 4th (1998) Tokyo metropolitan region-person trip survey: Tokyo today as seen by the movements of people［R］. *Tokyo Metropolitan Region Transportation News*, Special Edition, 1999(2):4.

［11］東京都建設局.「東京都の自動車交通の実態－平成 11 年度自動車起終点調査より－」［EB/OL］.［2014－02－24］.https://www.kankyo.metro.tokyo.jp/vehicle/management/tokyo/circumstances.html.

"最后一公里"公交供给创新模式及其绩效评估
——以 S 市 M 区公共自行车项目为例

冯苏苇 汤 諹 贡 正 聂 池[*]

摘 要: 近年来,快速城市化催生了都市蔓延、职住分离、公交供给滞后等现象,导致"最后一公里"问题凸显,继而引发了通勤成本增加、私人小汽车依赖、"黑车"猖獗、治安混乱等一系列社会问题。地方政府采取了建设多模式枢纽、增加公交供给、规范市场秩序等措施,加快公共服务供给和管理模式创新。其中,超过 50 个城市采用了公共自行车方式来满足市民的短途出行需求,代表性的城市有杭州、武汉和上海等。

公共自行车运营模式有政府主导型、公私合作制以及纯民营化方式等。本文以公私合作制的 S 市 M 区公共自行车项目为考察对象,运用公共经济学和绩效评估理论,对公共自行车的经济学特征进行探讨,并采用社会成本收益分析对项目建设成效进行实证研究。

研究表明,对于采用公私合作制运营的公共自行车项目,在监管环节,应对企业进行成本规制,增加成本信息透明度;通过激励性财政补贴措施,以及适度引入有效竞争,引导企业降低内部的运营和管理成本。在绩效环节,应对服务质量进行结果导向的满意度评价,以最大程度提升公共服务的实际效果与回应性。

关键词: 公共服务 绩效评价 "最后一公里" 公共自行车

一、引言

"最后一公里"是指在一次由出发地到达目的地的出行过程中出行链的最初和最末两段行程(见图 1)。"最后一公里"引发的公共问题包括:由于财力短缺导致公交服务匮乏,管理不力造成公交服务质量不稳定,非正规服务(俗称"黑车")泛滥,交通秩序混乱,治安事件频发等,影响了居民出行的效率、舒适与安全。长此以往,居民或减少公交使用频次,更加依赖私人小汽车出行,从而不利于城市交通长效治理。当前,"最后一公里"问题既是城市管理的政策热点,也是公共经济学、公共管理学等多学科交叉的研究议题。

为应对"最后一公里"问题,地方政府提出了多种公交供给的创新模式,比如为社区提供穿梭巴士和公共自行车等。其中,公共自行车在我国发展十分迅速,2008—2012 年的五

---

[*] 作者简介:冯苏苇,上海财经大学公共经济与管理学院副教授;汤諹,浙江大学城乡规划设计研究院助理研究员;贡正,上海财经大学公共经济与管理学院财政学专业本科生;聂池,中国建设银行四川省分行中级经济师。

图 1 "最后一公里"

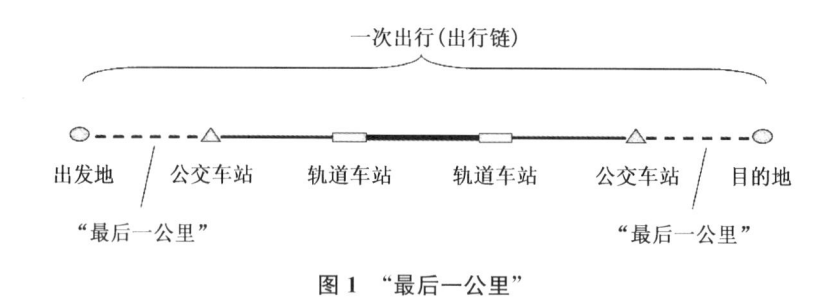

年间,投放规模超过 1 000 辆以上的城市已经达到了 50 个,项目建设和运营方式主要有政府主导型、公私合作制和纯民营化方式等。由于缺少融资、技术和管理方面的支持,一些民营项目无法展开持续的运营,最后以失败告终。另一些政府主导或公私合作项目,也遭遇了诸如服务难以定价、成本居高不下等困扰。这些在公共服务供给创新中遇到的实际问题,亟待运用公共经济学和公共管理学进行深入系统分析,提出相关改进建议。本文以公私合作制的 S 市 M 区公共自行车项目为研究对象,通过对政策部门、运营企业、用户群体等利益相关人进行深度访谈、网络调查等方式,尝试对项目绩效进行评估,提出针对性的破解对策,为其他城市"最后一公里"公共服务创新提供借鉴和参考。

二、"最后一公里"与公交供给模式创新

（一）城市化与"最后一公里"

近年来,城市化使我国城市空间迅速蔓延,建成区面积持续扩大。作为出行链两端的"最后一公里"问题,已经变得相当普遍,随之而来的是公交服务匮乏、通勤成本增加、私人小汽车依赖、"黑车"猖獗、治安混乱等一系列社会问题。"最后一公里"问题在短时间内快速出现,究其原因,主要有以下三个方面：

第一,城市空间结构拓展是"最后一公里"问题产生的主要动因。随着工业和相关产业向城市外围迁移,高新技术开发区在城市周边迅速崛起。加上流动人口大量导入,一些大型工业区、居住区和商业区开始在城市边缘建设和发展。这些边缘区域的繁荣诱发了新的交通需求,既有区域内的短途交通需求,也有跨区域的长距离通勤需求,高峰时段由外围至中心城区的"潮汐交通"十分明显。与此同时,由于地方和区县财政困难,公交线网很难在短时间内覆盖所有新建区域,以满足大部分居民的出行需求,出现了公交服务的"空间失衡"。

第二,居住就业选择多元化是"最后一公里"问题发展的助推器。市场化给予居民更多的居住就业选择,住房条件和就业机会得以改善,与此同时,职住分离和长距离通勤在所难免。私人机动化加剧了上述进程,职住分离使居民出行更为依赖小汽车。随着"公交优先"战略的实施,地方政府积极推动公共交通发展,以多种公交供给方式来替代小汽车在高峰通勤时间的使用,以降低干道拥堵、尾气排放等问题。然而,传统的公交服务只能满足出行链的主要环节,难以实现全程覆盖,在公交网络无法覆盖的区域,"最后一公里"问题普遍发生。

第三，交通管理手段滞后和缺位，致使"最后一公里"问题持续恶化。由于地缘偏远、监管缺位和执法不力，非正规交通服务（俗称"黑车"）在公交供给的"真空地带"出现和运营，以满足旺盛的、个性化的短途交通需求。灵活的议价机制以及"打了就跑"（hit and run）的经营流动性，使非正规服务具有很强的市场竞争力，城市管理和执法部门不得不花费更多的人力、物力来整顿市场秩序。实际效果却不甚理想，"最后一公里"区域变为城市管理盲区。

归根到底，快速城市化所导致的都市蔓延、职住分离、公交供给滞后以及管理执法手段失当等，是近年来我国城市"最后一公里"问题激化的主要原因，并持续引发了通勤成本增加、私人小汽车依赖、"黑车"猖獗、治安混乱等一系列社会问题，亟需地方政府以创新的思路和手段，积极加以应对。

（二）公交供给模式创新

地方政府采取了多种政策措施，来应对"最后一公里"产生的社会问题和风险隐患，通过建设多模式交通枢纽、增加局部公交供给、规范市场秩序等一系列综合手段，大力开展公交服务供给和管理模式创新。

第一，加快多模式枢纽建设，鼓励多种方式与大运量轨道交通接驳。

在北上广等一线城市，居民通勤主要依靠大运量轨道交通和BRT来实现。充足的客流、持续的票价收入以及适度的财政补贴，保证了大型轨道交通项目运营的财务可持续性。由于空间上线性分布以及高昂的建设成本，轨道交通不像公交网络可以均匀覆盖到所有区域，多种方式与轨交的换乘效率是提高系统运营效率的关键。鉴于此，很多城市在换乘枢纽建设大型停车场、制定激励性停车收费和公交票价优惠策略，鼓励居民采用多种方式与轨交换乘，提高公共交通网络的整体利用效率，改善区域（包括最后一公里）的可达性。

第二，增加局部公交供给，提供社区穿梭巴士和公共自行车等短途交通服务。

针对公交供给"大动脉充足，微循环缺血"症候，一些城市开通了社区穿梭巴士，满足居民在公共服务设施和居住地之间的短途交通需求。为解决"最后一公里"问题，上海在2011年新建20条短途公交线路，线路总长57.95公里，平均长度为2.9公里/条；日均客运量达1.5万乘次/日，平均客运量753乘次/日·线；大部分线路的高峰发车间隔为5～10分钟，服务时间基本都在12个小时以上，能覆盖大部分短途出行需求。运营成本普遍在700元/百公里左右，低于一般公交线路；但线路运营收入仅为213元/百公里，亏损状况较为显著，需要财政给予相应补贴以保证运营。根据第三方测评，乘客对"最后一公里"公交线路的总体满意度为77.94，处于"较满意"至"满意"的范围。

此外，很多城市采用了公共自行车方式来满足市民的短途出行需求，代表性的城市有杭州、武汉和上海等。截至2012年年底，全国公共自行车投放规模超过1 000辆以上的城市已经达到了50个。

第三，规范交通服务运营市场，疏堵结合，提供秩序"公共品"。

从城市管理角度来看，"最后一公里"问题频发，本质在于交通秩序失范。管理部门加大对市场秩序的整顿以及对非法运营的打击力度，努力提供交通秩序"公共品"。一些城市还对"四小车"（机动三轮车、人力三轮车、残疾人机动轮车、摩托车）进行综合整治，或者对非正规运营车辆进行教育、收编、改造以及再就业("黑车"洗白),疏堵结合,缓解社会矛盾,维护运输市场秩序。

可见,"最后一公里"给现代城市管理带来了一系列问题和挑战,需要从公共服务创新和交通秩序整治两个方面协力加以解决。我国地方政府对公交供给模式的创新实践,走在了理论创新的前面。

(三)文献综述与问题提出

20世纪80年代以来,新公共管理理论对政府提供公共服务的职能进行了重新界定,强调政府应当借鉴私营企业的竞争机制和管理方法,突出竞争和绩效考核的作用,以提高公共服务的供给效率,降低财政资金的使用风险。一场"更多依靠民间机构,更少依赖政府来满足公众需求"的公共服务市场化改革运动,在全球范围内迅速掀起。公私合作关系(public-private partnership, PPP)作为一种通过建立私人部门与政府部门平等的伙伴关系,来提供公共产品或服务的制度安排,在政府公共产品提供尤其是基础设施建设中得到了广泛的运用。在PPP合作关系下,合作双方共同承担责任和风险,企业充分发挥其技术和管理优势,政府实行严格监督,在兼顾社会利益和经济利益的前提下求同存异,通常可以取得比某方单独行动更加有利的结果。相对于传统的公共服务提供方式,PPP模式具有提升公共服务水平,减轻政府财政负担,拓宽民营资本投资空间,有利于先进技术的运用等优势。尤其是通过民营资本的介入来解决资金短缺问题,可以更好地降低成本和提高项目的效率。因此,如何在"最后一公里"的公交供给模式创新中,更多引入公私合作关系,来应对项目融资、技术和管理难题,并通过财政支出绩效评价,提高公共服务的效能和回应性,成为本文关注的核心问题。

就"最后一公里"问题而言,当前亟待解决的理论议题包括:首先,如何因地制宜采用合作治理战略,充分发挥各利益主体的潜力和效能,进行公共服务供给模式的合作创新?尤其是在公共服务项目融资和运营方面,如何打造多部门之间的公私合作关系,实现责任和风险的合理分担,从而有效地提供公共服务?其次,针对当前政府作为公共服务的提供主体,如何通过结果导向的绩效评估,增强服务对公共需求的回应性,以及进一步提高财政支出的效能?针对这些理论议题,本节将围绕公私合作理论与实践、公共服务绩效评价等方面,对现有研究进行综述。

在公私合作的理论和实践方面:王俊豪、付金存通过对PPP模式在我国城市公用事业的经验总结与分析,提出了健全公私合作的法律法规体系、合理界定公私部门职能、探索私方合作者培育与选择机制、完善城市公用事业公私合作的匹配机制、建立相应监管体系以及营造市场与政府互补融合的格局等政策建议。公用事业特许经营是我国较早实施的一项改革措施,章志远、朱志杰对改革实施20年来40起典型事例进行了实证分析,发现特许经营制度改革本身定位是否确当、政府是否具备诚信意识、后续政府监管是否有力、政府利益衡量是否周全,往往成为特许经营制度运作成败的关键。公共服务外包已成为市场化改革的重要制度安排,刘波、崔鹏鹏、赵云云针对公共服务外包的决策因素,构建了公共服务外包决策影响因素概念模型,运用结构方程验证了服务特性、环境因素以及政府能力对公共服务外包决策的影响作用。

在公共服务绩效评估方面:公共服务绩效评价是政府选择治理模式的前提与依据,王欢明、诸大建在比较政府经营模式和市场主导模式差异及探讨效率影响因素的基础上,以长三角城市群公交服务为研究样本,应用DEA方法测算城市间服务效率的差异,发现市场主导模式效率优于政府经营模式。张春勤、隽志才、刘志凯对国内外公共交通服务绩效评价的研究现状和成果进行了梳理归纳,发现绩效评价的评价标准已由单纯注重效率、追求投入产出之比的最大化向注重综合考虑效益、服务质量和乘客满意度等方面转变。袁竞峰、季闯、李启明对48个港口建设PPP项目进行了案例分析以及绩效评价,通过在全球范围内的问卷调查来评估绩效指标的相对重要性,为PPP项目的绩效评估提供了理论依据。

总之,首先,近年来我国学者对公私合作理论和实践的研究广泛涉猎,地方政府采用多种方式解决"最后一公里"难题,恰好为理论延伸提供了一个观察视角。其次,交通领域学者对"最后一公里"问题的研究多从规划、工程、技术等层面展开,公共管理方面的成果比较少见,因此,从公共服务创新和财政绩效角度来研究"最后一公里"问题,尚有较大的理论探讨空间。再次,全国已有50多个城市、70多个公共自行车系统,采用了多元化的融资和运营方式,为中国特色的公私合作实践提供了有价值的经验借鉴,本文运用结果导向的财政绩效评价,在推进公共需求回应性、提升财政效率方面具有一定的现实意义和理论价值。

三、公共自行车经济学特征与绩效评估框架

(一)公共自行车经济学特征

作为一种准公共品,公共自行车的经济学特征在很大程度上会影响项目的需求弹性、融资与合作方式、定价与营业收入,以及财政投入的效果。从公共经济学角度来看,公共自行车并不完全具备公共产品的非竞争性与非排他性,是一种俱乐部产品。首先,公共自行车的排他性在技术上完全是可行的,锁具就是一种简单的排除他人使用的工具,显然公共自行车的非排他性是不完全的。其次,在达到其饱和消费点之前,所有消费者都可以从中获得利益而不影响其他任何人的效益,所以具有不完全的非竞争性。按照混合产品的提供方式,这种产品的部分成本应该按照收益原则由消费者自己承担,实践中已经验证公共自行车可以进行收费运营。

"最后一公里"选择方式的多样化,使公共自行车具有较强的可替代性,用户对价格的波动也较为敏感。出行者在完成"最后一公里"时具有多种选择,传统方式包括步行、私人(或公共)自行车、摩托车、汽车等,创新方式有定制公交和社区巴士等。一旦公共自行车收费,所获得的营业收入虽然可以弥补部分运营成本,但更大的可能是大量目标客户群体流失,从而陷入运营困境。进一步,如果公共自行车定价不合理,收费很容易将它"排除"在人们完成"最后一公里"可选择的方式之外。

当然,收费运营的好处也是显而易见的。它可以部分解决提供公共自行车服务所需的资金来源问题,为政府财政支出减轻负担。同时,收费可以鼓励人们提高自行车的使用效率,激励企业改善公共自行车的服务质量,以及维护纳税人的合法权益。

在更大的范围内,公共自行车与其他公交方式(常规公交、地铁等)是竞争与合作关系。一方面,从全出行链的角度看,公共自行车是公共交通的有益补充,是解决"最后一公

里"问题的有效政策工具;它与其他公交方式合作完成全程的交通服务。另一方面,从"最后一公里"替代方式看(包括步行、私人自行车、电动车、公交、非正规运营车辆等),公共自行车与其他公交方式则存在着竞争关系。这种公共自行车与其他公交方式的竞合关系,在规范分析中必须详加考虑。

(二)绩效评价逻辑框架

在完全充分竞争的市场经济下,给定资源的初始分配会产生自愿交换,直到形成均衡价格,资源在这一均衡点上得到有效配置。而公共资源(或服务)配置是非市场的,投资来自政府拨款,不存在自愿交换。为此,在各备选方案中,要获得边际收益等于边际成本的方案,需要进行社会收益和成本分析,通过构造成本收益或成本效用指标,进行方案比选,在财政预算约束下找出最优方案。

按照社会成本收益分析的思路,所谓财政支出的效率,是指在综合权衡投资(包括直接与间接投资)与收益(包括直接与间接收益)的基础上,对实现某一既定目标所使用财政资金的节约。也就是说,通过全面系统地衡量投入产出关系,财政绩效追求的是"服务结果导向"的财政支出最小化。

如果将财政支出视作一种公共政策过程,按照逻辑分析法,财政政策动态作用过程可分为投入、过程、产出、结果和影响五个阶段。将不同阶段的产出效果与投入相匹配,对应着不同种类的评价方法,比如投入产出评价、绩效评价和政绩评价等(见图2)。

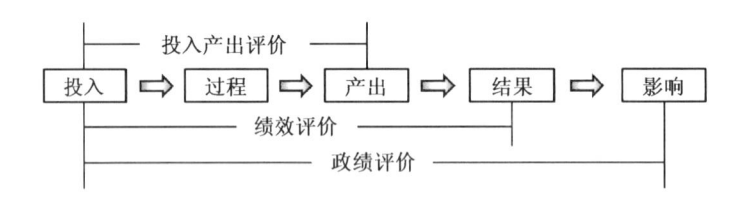

图2 财政支出绩效评价的逻辑框架

相应地可以定义公共服务的绩效=服务/投入=(服务/产出)×(产出/投入),在王欢明、诸大建的文章中,"服务/产出"和"产出/投入"分别对应于公众满意度和技术效率。按照财政支出"服务结果导向"的绩效观,这里的"产出"应是指财政投入产生的服务结果(outcome),而不仅仅是产出的数量(output)。也就是说,公共服务的财政绩效=(服务/结果)(结果/投入),这里(服务/结果)反映的是公共服务对公众偏好的满足和回应程度,即分配效率,可以用顾客满意度来衡量;而(结果/投入)是服务的结果与投入之比,即技术效率或财政效率。因此,通过对方案的分配效率和技术效率进行综合评价,以确保公共服务的财政投入同时实现公众满意度和财政效率的"双赢"。

四、公共自行车项目绩效评估——以S市M区为例

(一)S市M区公共自行车项目介绍

M区地处S市西南端,是南部流动人口的主要导入区。全国第六次人口普查数据显

示,M区常住人口243万,其中流动人口比例高达50%[①]。本节通过对M区建交委、F集团等焦点对象进行深度访谈,采用媒体信息收集、网络问卷调查等方式,获得一手数据资料,尝试对公共自行车项目展开财政绩效的分析和评估。

十多年来,随着地铁1号线及其延伸段5号线的建成和运营,沿线房地产开发进入高潮,并逐步向地铁径向扩展,大量居民迁入新建住宅区。长期以来,由于缺少常规公交服务,居民出行存在相当大的困难。此外,M区产业发展十分迅速,是高密度的产业集聚和就业区域。流动人口导入、房地产开发以及产业密集,是造成M区短途交通需求增长的主要原因。由于道路交通资源紧张以及公交配套的滞后,一段时间内非法运营车辆大量出现,M区城市管理工作遭遇了极大的挑战。

为解决市民从轨道交通、公交站点到居住小区、医院、学区或者办公大厦的短距离出行"最后一公里"问题,倡导绿色出行,M区建设与交通委员会牵头于2009年开始公共自行车系统的投资建设。M区F集团是一家自行车公司,制造、销售自行车已经有近80年历史,主营业务为自行车生产与销售,与公共自行车项目的匹配度很高。公司掌握了自行车生产技术、防盗技术,对自行车的维护保养经验丰富,方便对公共自行车制造、维护进行一体化管理。

通过招标,F集团自行车公司(简称F公司)获得首期5年系统经营权和站点的广告经营权,公司负责建设公共自行车服务网点和相关配套设施及系统的运营、维护,广告收入政府企业按3∶7的比例分成,城乡建设和交通委员会在合同期内补贴F公司7 836.1万元。市民通过办理"诚信卡"的方式在企业自主研发的自助服务终端完成借还流程。

截至2010年9月末,M区自行车网点数目达485个,闸机网点7个(投放16 016辆自行车),可容纳3 520辆公共自行车,每辆车每天使用频率为4次以上,发放诚信卡168 555张,可解决超过40万人次的出行需求[②]。经由政府与公共自行车系统运营公司谈判,确定年服务费用为998元/车,一线服务人员费用由镇、街道财政支付。据相关资料,M区公共自行车项目2011年度预算资金为2 594.8万元,公共自行车使用者满意度调研结果为80%[③](见表1)。

表1　　　　　　　　　　公共自行车历年绩效指标对照

绩效指标	2009年	2010年	2011年
投放自行车数量	1万辆	1.9万辆	2.6万辆
建设自行车网点	193	500	600
网点综合完好率	85%	88%	90%
自行车完好率	95%	90%	90%
公众使用满意度	80%	80%	80%
排除故障时间	48小时	24小时	24小时

① 自2003年来,M区户籍人口与流动人口的比例达到1∶1。
② 2012年数据表明,M区有574个租赁网点,自行车数量达到1.91万辆,为市民办理了23万张诚信卡。
③ 数据出自《2011年公共自行车服务前评价报告》。

与之形成对比的是M区常规公交的建设运营情况。M区的公交营运由区政府直属的客运服务有限公司负责,由于道路条件差、开辟线路多等原因,M区公交企业一直处于亏损状态,区政府采取财政补贴方式解决该问题。2010年,客运公司承担运营的区域性公交线路有26条,职工492人,车辆184辆,全年总行驶里程达1 200万千米。据相关资料,2011年M区财政对公交企业亏损补贴预算为3 900万元,M区居民对客运服务有限公司负责的线路运营情况综合满意度高于90%。

(二)社会成本收益分析

1. 社会收益分析

通过初步分析,公共自行车系统所产生的"服务结果导向"的社会收益包括:

(1)节约了出行者"最后一公里"的费用和时间。已建成的网点数据统计显示,M区公共自行车使用率保持在平均每天每辆4次以上,每天可解决9万人次左右的短距离出行需求。若按每人次乘坐公交车花费一元计算,每天可节省居民交通费用支出9万元,全年可节省费用超过3 000万元。

(2)节约了新建公共交通线路的投资和运营支出。由于公共自行车系统在"最后一公里"上对常规公交系统的有效替代,按每天解决9万人次的短距离出行测算,全年常规公交系统可实现节省约5 566吨柴油消耗,同时减少1.63万余吨二氧化碳排放量。

(3)新增了就业岗位。新增就业岗位面向当地户籍人员,主要由镇街道居委会推荐,F公司按照岗位要求录用。员工培训、工作分配、考核由F公司执行。目前已解决就业人数超过200人,推进了"4050"人员再就业工程。

(4)有效取代了非法营运市场。公共自行车系统部分解决了市民"最后一公里"出行问题,有效打击了非法营运(黑车、黑摩托车等)现象,增强了市民出行的安全感、便捷性。在S市公交行业协会的满意度调查中,总体满意度近九成,表明这是一项深得人心的利民、惠民工程。

2. 社会成本分析

与此同时,公共自行车系统产生的社会成本包括:

(1)财政支出及机会成本。目前M区公共自行车项目主要由区财政负担,2011年度预算资金为2 594.8万元,主要以购买服务方式,由F公司用于公共自行车系统的维护和运营。项目服务价格每辆车每年综合费用为998元,包含设施建设、管理后台信息化建设和项目运行管理等内容。而一线服务人员费用由自行车网点所在镇、街道财政按车辆投放比例支付,按每100辆配设1.1人进行管理,人员费用按4万元/人·年的标准支付。由于M区财力有限,公共自行车项目持续运营所消耗的财政资金产生相应的机会成本,对其他公共事业发展形成挤出效应。

(2)占用公共用地及机会成本。自行车停放管理、网点布局和专用道等设施都会占用一定的公共用地,或者改变公共用地原来的用途,产生相应的机会成本。目前该项成本只能定性描述,无法定量测算。

通过公共自行车项目社会收益与社会成本的对照,以及与常规公交系统的财政投资和运营成本进行比较,很显然针对M区的发展状况和面临的管理问题,该项目的社会收益大于社会成本。现阶段,在人口密度较低的郊区开设常规公交线路,往往票价收益难以弥补运营成本开支,要覆盖相同的区域、实现同样的效能,常规公交线路的财政补贴也要高于公共自行车项目。可见,在 M 区两个系统满意度(分配效率)相近的情形下,公共自行车项目的财政效率(技术效率)显然优于常规公交线路。

(三)存在问题与改进策略

M 区公共自行车项目当前存在的问题及改进策略有以下几个方面:

首先,从服务质量上看,公共自行车项目较为突出的问题包括:诚信卡持有比例低、网点覆盖少、高峰时段借还车难、租赁时间短、锁柱和设备发生故障、网点服务单一等问题,需要管理部门与合作企业积极配合,协同解决。

其次,从管制关系上看,公共自行车项目实际存在双重委托代理关系:人大与城乡建设和交通委员会、城乡建设和交通委员会与 F 公司。每年公共自行车项目预算提请人大审议,财政资金的使用情况和公共自行车的服务质量接受人大监督。城乡建设和交通委员会向 F 公司购买服务,F 公司具体负责运营实施,向社会提供免费服务。

在双重委托代理关系中,由于各个主体的目标存在一定的差异,信息也未能完全对称,各方在目标实现过程中,难免出现利益不一致的动态博弈情形,最终影响整体的管理效率。比如,项目由区财政完全负担,而诚信卡并未完全惠及常住人口,人大因此就服务的普惠性质疑城乡建设和交通委员会,城乡建设和交通委员会则责成 F 公司扩大发卡面。然而,由于发卡面扩大将直接影响运营成本,企业并没有增加发卡量的自愿动机,反而因为系统升级和改造,提出增加财政补贴的诉求。这个双重委托代理关系中各主体的博弈结果,是发卡面仅为 23 万张,占 M 区常住人口的比例不足 10%,公共利益并没有达到极大化的效果。

再次,从管制成本上看,项目服务价格每辆车每年综合费用为 998 元,而企业在自行车租赁业的平均利润率高达 36.6%[①]。这些偏高的成本和利润数据均说明,案例中公共自行车项目的竞争是不充分的,未能实现有效竞争。管理部门还应采取激励性管制措施,将财政补贴与企业运营成本动态挂钩,刺激和引导企业降低内部运营和管理成本,并进一步降低行业的准入门槛,引入实际或潜在竞争者,在竞争中实现规模经济效应和财政资金的节约。

最后,从结果导向的财政效率上看,财政投入追求的是服务结果(outcome),而不仅仅是产出的数量(output)。因此,绩效指标应该体现为公共自行车日周转率和服务满意度(服务结果),而不仅仅是诚信卡的发卡数量和提供的公共自行车数量。但是,目前对财政投入效果的评价,还局限于与公共服务的数量直接挂钩。因此,绩效指标由服务数量转向服务结果,将成为下一阶段政府与企业合作,共同实现财政绩效的关键。

五、主要结论

面对"最后一公里"的挑战,地方政府积极应对,通过公交供给模式的创新,努力提升

[①] 服务业行业平均利润率水平为 9%~15%。

公共服务的回应性和满意度,为城市管理和公共管理的理论构建提供了丰富的实践样本以及颇有参考价值的实践经验。

本文较为全面地探讨了"最后一公里"的成因,在于城市化之下的都市蔓延、职住分离、公交供给滞后以及执法手段失当等。在对公共自行车经济学特征进行分析的基础上,结合绩效评估理论,以 S 市 M 区公私合作制公共自行车项目为案例,进行实证分析。研究表明,M 区公共自行车项目的社会收益大于社会成本,是一个成功的公共服务创新项目。同时,该项目也存在管制成本过高、未能完全实现结果导向等问题。最后,本文明确提出:在监管环节,应强调政府的监管角色,对企业进行成本规制,增加成本信息的透明度,明确企业运营与维护的各种成本支出,为合理适度的财政补贴提供依据。在机制设计环节,应采用成本导向的补贴激励策略,并适度引入竞争,进一步降低财政成本。在绩效环节,应对服务质量进行结果导向的满意度评价,以最大限度地提升公共服务的实际效果与回应性。

参考文献：

[1]萨瓦斯·E S.民营化与公私部门的伙伴关系[M].周志忍,译.北京:中国人民大学出版社,2002.

[2]王俊豪,付金存.公私合作制的本质特征与中国城市公用事业的政策选择[J].中国工业经济,2014(7):96－108.

[3]章志远,朱志杰.我国公用事业特许经营制度运作之评估与展望[J].行政法学研究,2011(2):58－64.

[4]刘波,崔鹏鹏,赵云云.公共服务外包决策的影响因素研究[J].公共管理学报,2010,7(2):46－53.

[5]王欢明,诸大建.我国城市公交服务治理模式与运营效率研究——以长三角城市群公交服务为例[J].公共管理学报,2011,8(2):52－62.

[6]张春勤,隽志才,刘志凯.公共交通服务绩效评价研究综述[J].计算机应用研究,2015(1):1－5.

[7]袁竞峰,季闻,李启明.国际基础设施建设 PPP 项目关键绩效指标研究[J].工业技术经济,2012(6).

[8]潘海啸,汤諹,麦贤敏,牟玉江.公共自行车交通发展模式比较[J].城市交通,2011,8(6):40－43.

[9]冯苏苇,何晓.自行车缘何"由私变公"？——基于公共管理视角的分析[M].公共治理评论(第2辑),上海:上海财经大学出版社,2014:51－59.

[10]马国贤,任晓辉.公共政策分析与评估[M].上海:复旦大学出版社,2012.

[11]王欢明,诸大建.基于效率、回应性、公平的公共服务绩效评价——以上海市公共汽车交通的服务绩效为例[J].软科学,2010,24(7):1－5.

[12]S 市公共交通行业协会.M 区公交系统及公共自行车评估——公交自行车评估报告[R].2011－04.

[13]上海今年第二批公交调整线公示 拟再辟 20 条穿梭巴士[EB/OL].[2016－07－27].http://sh.sina.com.cn/news/s/2011－11－05/0436199600.html.

[14]P＋R还是TOD 公共交通以何种模式为主,需根据城市特点[EB/OL].[2016－07－27].http://sh.eastday.com/m/20121012/u1a6914954.html.

PUBLIC GOVERNANCE REVIEW

公 共 财 政

全面"营改增"后增值税抵扣链和行业税负衔接问题研究
——基于新扩围四大行业的多域样本分析

严才明[*]

摘　要： 本文通过对全面"营改增"后增值税抵扣链和行业税负衔接的实证研究发现，金融服务业的减税难题是其盈利和人力成本占比高、可抵扣费用占比过低的高净值特性决定的，按目前的税率和贷款服务不能抵扣的设置框架，允许银行业不良贷款核销冲抵计税营业收入是减税的有效通道。由于"营改增"效应，改革后金融业债券、资管、融资租赁、信托基金(含REITS)金融商品等可抵扣中间业务收入占比将相对于贷款服务收入占比提高，息转费渠道依然存在，减税或转嫁渠道更多。建筑服务的减税难在多环节分包后一般与简易计税交叉出现造成抵扣链V形齿合，从而引起税负转嫁不畅、重复征税问题。"营改增"后建筑业和下游房地产业在计税方式选择上有四种博弈组合，因纳税额与计税依据、税率、进项扣除之间存在不连续函数关系，理论上很难有模型化的最优组合，但市场选择机制可以在多轮博弈中找到答案。而生活服务业"营改增"减税症结在对原营业税平移后复杂的征收品目归属上，由于混合服务增值额计算和归属难有清晰界限，跨时空分割难度大，而不同税目之间存在税率和可否抵扣的差异，发票与税收征管风险较大。如酒店服务业就面临一项连续服务在不同征收品目间的划分和混合服务的可抵扣发票开具难题。由于我国增值税实行以票管税基本制度，服务业"营改增"后，起征点的税收征管和发票虚开认定标准问题均面临挑战，税收征收管理法和刑法中发票违法处罚条款的修订显得比增值税立法更为迫切。"营改增"后引起的中央和地方财政收支格局调整还或将引发三次产业结构的逆袭，需要在总体减税的框架下建设地方税体系，避免"营改增"减税、地方税弥补而总量不减的"结构性"改革。

关键词： 税收　"营改增"　效应

自2016年5月1日起，我国金融、房地产、建筑服务、生活服务四大行业全面纳入"营改增"，至此，历时四年的"营改增"改革收官。与前四次"7+2"行业的"营改增"相比，这次改革更加突出全面减税导向，减税目标不仅是整体性、结构性、行业性的，还要求覆盖26个行业小类113个细类。显然，设计一个既要实现全面减税目标，又能平滑衔接原营业税、老增值税税负且保持增值税中性、公平、效率优点的税制是困难的。

---

[*] 作者简介：严才明，经济学博士，硕士研究生导师，上海财经大学公共政策与治理研究院兼职研究员。

因此,这次"营改增"实际上已把全面减税、税制的衔接与平稳过渡作为首要目标,理论上,最平稳的改革是营业税制的平移,最衔接的改革是维持原增值税税率结构。如本次四大行业"营改增"均最大可能地平移了原营业税简易征收、差额计税、继续免税的做法,改革后的税率也是沿用原"7+2"行业"营改增"后11%、6%、3%的税率或征收率,增加的只是适用不动产转让、出租按简易征收的征收率5%。然而,单靠税制平移或税率套改是难以实现减税目标的,而两者组合式的改革则给"营改增"后增值税抵扣链的平滑链接、运行效率及其税制优势的发挥带来了障碍。全面"营改增"后,目前增值税已有17%、13%、11%、6%、0五档税率,5%、3%两档征收率,3%、2%、1.5%的预征率、减征率和众多的免税品目。诸多的税率、征收率与免税、简易征收、差额扣除等计税方法交叉组合,作用于从生产、劳务、服务到消费的诸多中间环节,难免会在平移和衔接之间顾此失彼。往往是单个节点和原营业税比可能减税了,但上下游之间其他节点的税负会因得不到充分抵扣而增加,需要通过博弈实现税负的转嫁。无论是前转还是后转,不仅博弈成本增加,对"营改增"的减税效果也是大打折扣的,凭票扣税的增值税制尤显如此。随着"营改增"后单个节点的税负衔接需要增加,碎片化的补丁还将越打越多。本文通过对四大行业全国和区域性样本企业"营改增"前后涉税信息的归集整理、典型调查,结合试点磨合期间衔接性政策的缺陷和效应分析,提出了全面"营改增"后增值税所面临的减税目标、税负平衡、运行效率问题及其完善建议。

本文以为,全面"营改增"后诸如增值税抵扣链的平滑链接、行业间和上下游之间的税负转嫁、税制运行效率的矛盾与问题将越来越突出,增值税的整体设计和全面改革立法已迫在眉睫。

一、金融服务业的减税难是其高净值税基决定的

金融服务业普遍声称是本次"营改增"四大行业中减税获得感最少的行业。列入我们调查监测的12家样本企业,无论是银行、保险、证券、信托还是融资租赁业,均认为"营改增"后税负是增加的,增加的幅度在7%~12%,约0.3~0.6个百分点不等,且均称其一级级分行测算的省域行业性结果也如此。

本次"营改增"扩围,金融业确定的一般税率是6%,且除县以下农村信用合作社和小额贷款公司可选择3%简易征收外,均实行一般计税。金融业"营改增"还缩小了原营业税同业往来、再贷款利息收入的免税口径,下游纳税人购买贷款服务即支付的利息也不能抵扣。这虽然给纳税人的减税期待打了折扣,但按金融业6%一般税率测算,即使没有任何进项税抵扣,换算成含税,也只有原营业收入5.66%的税负水平,比营业税仅提高0.66个百分点。只要可抵扣成本达到营业收入的11.7%,金融业本身的税负即可持平,如果考虑可抵扣成本中诸如耗材、燃料、电力、邮政通信等17%或11%的抵扣因素,仅仅实现减税目标是不难的,如报告期有大额不动产或大型设备等资产项目进项取得,实现较大幅度减税也依然可期。然而本文的数据归集和实证分析结果显示,目前我国一般金融企业的增值水平均在90%以上,构成税基的收入高净值结构是金融业难以减税的根本因素。

(一)高净值构成金融业高税负

中国农业银行(601288.SH)公布的2015年度财报显示,2015年全系统营业收入

5 361.68亿元,增长2.9%,净利润1 807.74亿元,税后利润率33.7%,折合税前利润率44.9%。在营业收入结构中,贷款利息净收入4 361.4亿元,占81.3%,手续费佣金收入占15.4%,其他3.1%。贷款结构中公司贷款占60.4%,个人贷款占30.6%,主要为个人住房贷款。

支出结构中,年报显示的职工薪酬为1 103.5亿元,占营业收入的20.6%。利息支付2 895.3亿元,占营业收入的54.02%。

净利息收益率2.66%,净利差2.49%,不良贷款余额2 128亿元,不良率2.39%。

从原营业税的计税依据看,金融业的一般贷款业务收入按全额计税,转贷、金融商品、融资租赁业务按收支差额计税,外汇、证券买卖业务按收益额征税,存入央行准备金利息、国外取得利息收入、利差补贴则不征税。"营改增"后,金融业增值税明确的是增值税规则下的收入确认、进项税扣除范围和列举的免税收入,但计税依据的要素标准并不明确具体。按增值税实耗法费用结构算,支付利息、职工薪酬、税前利润均构成消费型增值税税基,加上"营改增"前形成的固定资产因无法取得抵扣票,实际上使其折旧也成为税基的一部分。

由于银行年报营业收入只反映利息净收入,数据显示,中国农业银行2015年三项税基已相当于年报营业收入的119.52%,而利息毛收入即利息净收入与利息支出额之和就相当于年报营业收入的135.3%,年报营业收入已小于"营改增"后的税基。本文试图将该行利息净收入、利息支出额、非贷款业务收入三项合计9 261.9亿元作为最大计税依据,按不良贷款余额和不良率推算贷款余额为89 038亿元,根据净利差2.49%推算贷款利息净收入2 484.2亿元,以此推算出免税和差额征税净利息收入1 877.2亿元,按75%的贷存比、19.5%的存款准备金率和1.62%的准备金利率推算准备金免税利息收入约375.0亿元,转贷利息收入约1 500亿元,全额计税的最大税基为7 384.7亿元。而2015年该行仅利息支付、职工薪酬、税前利润三项净增值额6 408.8亿元已达到最大税基的86.8%,由此测算的该行2015年贷款服务收入部分的营业税同口径税负已有4.91%,如再与该行差额计税的转贷业务收入1 500亿元约5.66%的基本税负加权,该行2015年"营改增"静态平均税负已为5.03%,与原营业税基本持平。但该税负没有考虑旧资产折旧、其他非抵扣费用和无票可抵扣费用因素。

表1　　　　　　　　　　16家上市银行2015年增值税税基相关指标值

银行	营业收入（亿元）	利息净收入（亿元）	净利息收入比(%)	职工费用占比(%)	税后净利润率(%)	还原应税所得率(%)	利息支出占比(%)	不良贷款率(%)
工商银行	6 976.47	5 078.67	72.80	16.37	39.72	51.98	52.16	1.50
农业银行	5 361.68	4 362.40	81.34	20.58	33.68	43.02	54.02	2.39
中国银行	4 743.21	3 286.50	69.29	16.93	36.02	47.01	60.38	1.43
建设银行	6 051.97	4 577.52	75.64	15.12	37.70	49.20	51.69	1.58
交通银行	1 938.28	1 441.72	74.38	13.12	34.72	44.22	83.04	1.51
招商银行	2 014.71	1 367.29	67.87	15.58	28.64	37.11	48.64	1.68
浦发银行	1 465.50	1 130.69	77.11	10.07	34.53	45.37	78.64	1.56

续表

银行	营业收入（亿元）	利息净收入（亿元）	净利息收入比(%)	职工费用占比(%)	税后净利润率(%)	还原应税所得率(%)	利息支出占比(%)	不良贷款率(%)
光大银行	931.59	664.59	71.34	15.32	31.70	42.20	80.99	1.61
平安银行	961.63	660.99	68.74	15.87	22.74	30.00	68.17	1.45
华夏银行	588.44	460.83	78.31	21.24	32.09	42.72	76.88	1.52
兴业银行	1 543.48	1 198.34	77.64	12.82	32.53	40.69	88.20	1.46
民生银行	1 544.25	942.68	61.04	15.59	29.86	38.77	70.66	1.60
中信银行	1 451.34	1 044.33	71.96	15.43	28.36	37.49	76.64	1.43
北京银行	440.81	357.85	81.18	11.79	38.20	47.73	98.29	0.94
宁波银行	195.16	156.17	80.02	18.63	33.53	40.95	83.08	0.92
南京银行	228.30	188.29	82.47	14.39	30.67	39.22	85.64	0.83
均值	2 277.30	1 682.45	73.88	15.55	32.77	43.69	61.72	1.46

资料来源：根据上市银行 2015 年年报计算整理，除不良贷款率为公布值外，各指标相对值为绝对额占增值税总税基营业收入比，应税所得率指标为当年净利润加实缴所得税占同期营业收入比。

从本文整理的 16 家上市银行 2015 年财报涉税指标数据看，金融业"营改增"减税目标的实现难度也不是孤例。表 1 数据显示，银行业利息净收入占营业收入比平均都在 75%～80%，规模小的银行更高。职工薪酬占营业收入比均在 13%～20%，均值为 15.55%，远高于制造业 5%～7% 的水平。税后利润率占营业收入比在 30%～40%，均值 32.8%，还原成应税所得率或利润率均值达到 43.7%。由于利润、职工薪酬、利息费用均构成增值税税基，高净值决定高税负，因此，对银行业"营改增"一味讲全面减税，本身就不切合实际。

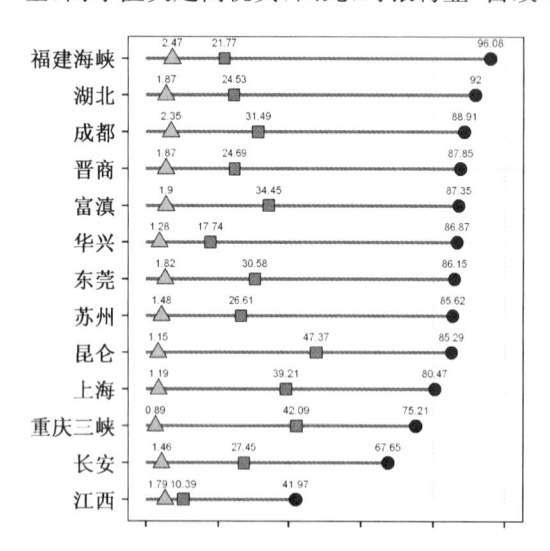

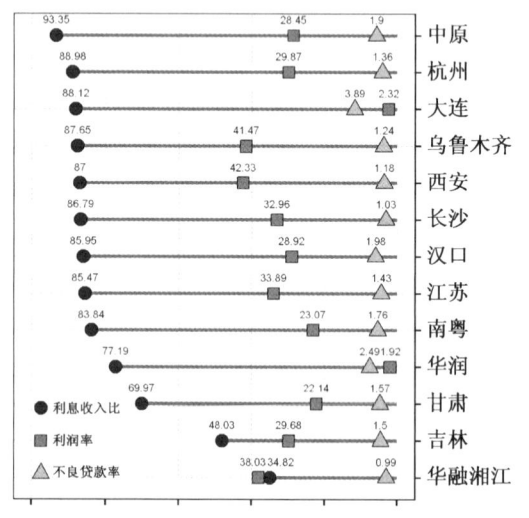

资料来源：根据宋佳燕《27 家千亿以上未上市城商行 2015 年经营业绩汇总表》(21 世纪经济报道 2016—05—17 B10)和网络查询数据补录制作。

图 1　26 家非上市股份制银行 2015 年增值税税基相关指标值

银行业营业收入的高利息收入占比、高利润率、高薪酬收入占比并非孤例。除16家上市银行外,图1还归集整理了26家非上市股份制银行2015年度的利息收入占比、净利润率和不良贷款率。数据显示,非上市股份制银行营业收入中净利息收入占比年度均值为80.25%,最高的达到96.1%,高于上市银行。税后净利润率年度均值27.6%,最高的47.4%,均值、最大值均低于上市银行。可见,虽然以此套算的非上市股份制银行增值税税基会小于上市银行,但其体现的银行业高净值特征仍很明显。囿于企业报表没有透露职工薪酬,但从2015年度各行业平均薪酬网络排名看,可以推定,高利润率条件下职工薪酬占比也不会低。

然而,"营改增"真要给银行业减税也并非没有途径。数据显示,16家上市银行2015年平均不良贷款率达到1.46%,最高的农业银行达到2.39%,26家非上市股份制银行平均不良贷款率为1.69%,最高的大连银行达3.69%。按本次"营改增"财税36号文对非正常损失的界定,只有因纳税人管理不善引起的被盗、丢失、霉烂损失或因违反法律引起的被没收、销毁、拆除造成的损失方被认定为非正常损失。金融业是个高风险、高收益行业,引起不良和坏账的不可控因素很多,不仅仅是管理不善问题。

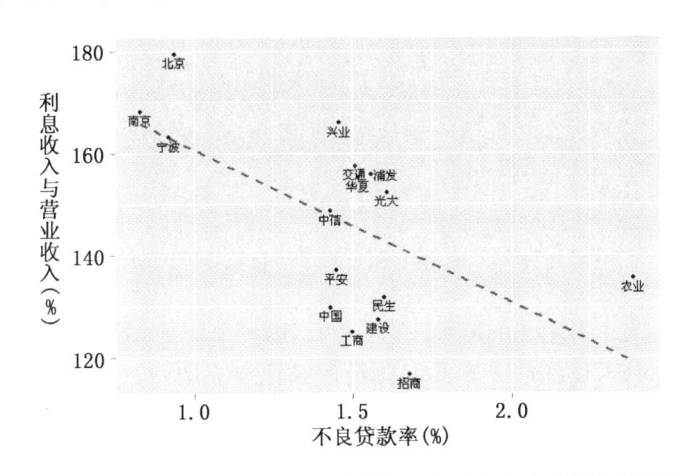

图2 16家上市银行2015年不良贷款率与利息收入占比的回归分析散点图

图2对16家上市银行2015年不良贷款率和利息收入比率数据的关系进行了散点分布排列,也显示不良贷款率与利息收入比率有线性关系。

本文以图2中利息收入比率与不良贷款率的数据用R统计分析软件进一步回归分析的结论也表明,利息收入比率与不良贷款率高度负相关(见表2)。

回归模型为:

$$利息收入比率 R(\%) = 190.72\% - 30.04 \times D(\%)$$

该模型参数及整体 p 值均小于0.05,表明两者关系显著。两者呈反向关系,表明银行业实际已收取的利贷款利息份额越高,不良率越低。

表2　　　　　　　　利息收入比率与不良贷款率回归关系参数估计

参数	估计值	标准误差	t 值	p 值
截距	190.72	16.33	11.680	1.32e−08
斜率	−30.04	10.86	−2.767	0.0151
模型	拟合优度（Multiple R^2）	调整拟合优度（Adjusted R^2）	F 值	p 值
	0.3536	0.3074	7.658	0.01512

注：本表数据输出结果源自表1数据和R统计分析软件计算整理。

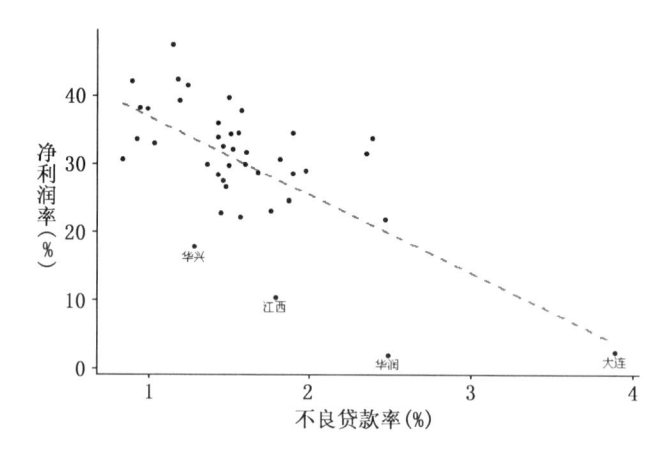

图3　42家银行2015年净利润率与不良贷款率的回归分析散点图

对图3中16家上市银行与26家非上市股份银行2015年度净利润率与同期不良贷款率的数据用R统计分析软件进一步回归分析的结论亦表明，银行不良贷款率的高低与同期利润水平也高度负相关，两者的Pearson相关系数 $cor=-0.663$，p 值$=1.75\times10^{-6}$，相关性和显著性均强（见表3）。回归模型为：

$$净利润率\ P(\%)=48.27\%-11.44D(\%)$$

该模型参数及整体 p 检验值均小于0.01，模型也显著。

表3　　　　　　　　净利润率与不良贷款率回归关系参数估计

参数	估计值	标准误	t 值	p 值
截距	48.27	3.457	13.964	<2e−16
斜率	−11.444	2.045	−5.595	1.75e−6
模型	拟合优度（Multiple R^2）	调整拟合优度（Adjusted R^2）	F 值	p 值
	0.4391	0.425	31.31	1.75e−6

注：本表数据输出结果源自表1、表2数据和R统计分析软件计算整理。

由于"营改增"后纳税人贷款服务支付不能作为进项税抵扣，贷款服务收支整体构成金融业及下游实体经济的增值税税基。银行业不良贷款率与其贷款利息收入份额、净利润率指标回归分析结论表明,允许银行业不良贷款的及时核销并冲减同期增值税计税收入,不仅可以降低贷款损失风险,也可以提高银行业盈利能力,从而提高其企业所得税纳税能力,是金融业既减税又减负的路径,还有利于增值税避免重复征税税制功能的发挥。

本文根据推导的回归模型按样本企业 2015 年数据静态测算,不良贷款每核销 1 个百分点,银行营业收入贷款利息收入比率可提高 30 个百分点,净利润率可提高 11.4 个百分点。以中国农业银行为例,如果允许核销的不良贷款分 5 年冲减增值税税基,可年均冲销营业收入 425.6 亿元,平均减负 0.27 个百分点,静态平均税负率下降到 4.76%。按 16 家上市银行各自的不良贷款率测算,5 年可平均降低税负率 0.17 个百分点左右,确实可以起到减负作用。

"营改增"给金融业减税减负的第二个途径是允许非金融机构一般纳税人贷款服务支出列入进项税抵扣范围,这是对金融业和实体经济一石二鸟的减税工具。根据表 1 数据,如果允许 16 家上市银行净利息收入列入下游企业作进项抵扣,按中国农业银行对公司的贷款结构 60.4% 测算,每年将增加下游企业抵扣税 976 亿元,加上上海银行等 27 家未上市股份制银行测算增加的抵扣税约 60.9 亿元,推算整个贷款服务列入抵扣的减税规模在 1 200 亿左右,不到税收总收入的 1%,比原来测算的"营改增"整体减税规模增加 20% 左右。可见,如果财政支出能承受,更利于税制优化的减税途径还是有的。

(二)进项税抵扣票难取也是金融业减税难的因素

根据本文对 G 地 12 家金融企业的样本数据分析,银行业减税难还有行业本身的收支结构和可抵扣发票的取得问题。样本数据显示,省以下二级分行的主要收入结构有一般贷款业务,结算、票据贴现、兑付、咨询、保管等收费服务,各类债券、黄金等金融商品发行买卖,代理保险、水电费等经纪服务。其中高资本消耗的一般贷款利息收入占营业收入的 80%,其他所有中间业务收入只占 20% 左右,除联行往来业务外,免税口径收入甚微。在支出结构中,人力成本占 60%,直接费用只占 40%,包括固定资产折旧、营销费用、营业网点租赁费、设备和网络运行费、日常办公费、商务交通和燃料费、会务会展差旅费、广告宣传费、水电费等,直接费用中政策规定可抵扣费用又只有 50%,且诸如营业网点租赁、改革前固定资产的折旧、油料、网点水电费不能保证能取得抵扣票。

本文通过对样本企业 2015 年报表数据按工、农、中、建四大行和地方性银行的分类测算,四大行二级分行平均利润水平也在 40% 左右,非抵扣直接费用占 80%,如按 3% 的折旧率计算间接费用,"营改增"后按含税营业收入口径的增值率要达到 91%,税负为 5.15% 左右,如考虑不动产折旧预期抵扣因素,平均税负为 5%,与原营业税持平。

表 4　　　　　　　　　　银行业营改增税负分类增减测算

样本	"营改增"税负峰值	中间业务费	设备购置费	能抵扣营运费	网点租赁费	网点水电费	净税负值1	不动产折旧	净税负值2
A	5.66	−0.10	−0.02	−0.23	−0.05	−0.01	5.25	−0.12	5.13
B	5.66	−0.13	−0.03	−0.43	−0.06	−0.01	5.00	−0.17	4.83

注:表中 A、B 分别为四大行和区域性地方商业银行样本数据测算,栏目中的负系数值为该项费用全部取得抵扣发票时可减税负值。

如按表4汇总的样本企业进项税明细分类测算,若20%的可抵扣直接费用全部能取得抵扣票,四大行的平均扣点相当于含税销售额的0.35%左右,地方银行则在0.66%左右。地方银行和四大行在"营改增"过渡期无不动产可抵扣下的税负率在5%～5.25%,如考虑不动产折旧的预期抵扣因素,则营业额和盈利水平较低的区域性商业银行是可以降低税负、实现减税目标的,如银行业的工资薪酬、利润水平降到一般加工业5%水平的2倍即以10%的薪酬率和利润率测算,假设可抵扣费用、取得抵扣票比例、折旧率不变,则可抵扣费用占比将提高到营业收入的37.1%,"营改增"后的税负则降至3.56%、减税幅度达到30%,减税后的税负也就相当于一般加工业的税负水平。

(三)影响减税效果的衔接性政策因素

调查中样本企业表示,目前政策规定可抵扣的费用也存在取票难问题。如向中石化购买油卡要在消费后方能开具增值税发票供抵扣,且仅限于公司产权的车辆;取得营业网点租金抵扣票因涉及房地产,需代征一系列地方税,综合税负超过20%,但只可抵扣5%的不动产租赁增值税;租用非一般纳税人的物理网点所耗用的水电,要取得抵扣票实际上也要自垫税费;国际行邮、营业厅绿化、零星办公用品采购等费用很难取得抵扣票等。在销项税一方,促销赠送小礼品本应是金融业务费用支出,没有收入,也没有进项抵扣,却要视同销售相当于全额17%计税,原营业税对礼品和服务赠送则没有视同纳税。

影响金融业减税效果的还有一个因素是免税和差额征税的范围收窄。如"营改增"后可以免税的金融同业往来仅限于金融机构与中国人民银行往来、联行往来、线上短期无担保拆借、转贴现业务,非银行金融机构线下拆解和一年以上中长期拆借将予征税。政府债券、政策性金融债到期利息、交易利息或差价平移免税,其他金融债和企业债的利息收入、买入贩售、回购的差价收入则需要征税,原营业税未明确征税的如金融机构取得信托、资管、理财产品收入,"营改增"后对有约定保底利润或者固定收益的金融商品需要征税。

本次"营改增"后,融资租赁返租业务从租赁服务业调整到金融业,金融机构代收代售保险、水电费手续费收入调整到代理经纪服务税目。该两项业务收入有减税效果。其中有形动产融资租赁回租税率从17%降到6%,税负降幅较大,但因利息抵扣减少,对承租方购进方式行为选择会产生影响,或更愿意转向直接融资取得租赁设备。

金融服务业"营改增"的难点还在于金融产品进销项核算的困难与复杂。一项混合性的服务很难在时空上清晰划分前后道环节的增值额,跨期产品的增值额更难分割核算,如一笔收入在贷款服务收入、直接金融收费、金融商品转让间如何划分,免税的债券到期利息收入和征税的贩售回购差价收入进项如何划分等。如界限不清晰,就有息转费从而进入抵扣的可能。

另外,金融企业贷款自利息结息日起90天内发生的应收未收利息计税问题,原营业税规定结息日期90天或贷款已逾期未收利息要先完税,但确认收不回来后可冲减收入不计税。由于银行间结息周期不尽一致,这就引起不同银行间的税收差别待遇,按月结息90天未收利息实际被计税的平均天数要多于按季计税的。贷款利息应收未收天数的起点可以有结息日、逾期日和实际欠息日,应该以实际欠息日起算较好掌握。而且,这部分已完税利息如贷款逾期或最终收不回,也应视作正常损失明确给予冲减。

再如,总机构设在市辖区原实行3％优惠税率的农村信用合作社、农村合作银行"营改增"后不能平移原按3％简易征收的问题,也明显有悖公平原则和减税目标。目前以总机构是设在县市还是市辖区作为是否享受优惠政策的标准,有地域歧视之嫌。事实上,许多市辖区的经济实力远低于百强县,其农村信用合作社的盈利能力也明显低于县市同类,有些市辖区则还是刚从县市改过来仅换了一个名称而已。因此,农村信用合作社、合作银行是否享受3％简易征收优惠政策,不应是其总机构所在地在哪的问题,而应以其是否已改造成真正的商业银行、可否跨区域设分行为界限,或者按贷款业务的风险等级来划分,如仅对涉农贷款简易征收更为合理。目前诸如此类总机构设在一线城市则尽享汇总纳税以获取超量财政返还、设在县市以下也可分一杯扶贫羹的政策,除了扩大大中城市间的贫富差距,又削弱区域性中心城市的辐射力外,确实没什么道理可言,也让其无力承受户口放开以吸收外来人口入户的担当。

(四)"营改增"将引致金融业轻资产业务效应

本次"营改增"明确贷款利息支付不能抵扣而贷款业务回收风险明显高于非贷款等中间业务,这将使轻资产业务在银行部门更受青睐,包括投资银行、资产管理、基金、信托、理财、零售银行、金融市场业务、金融商品交易业务等中间业务收入比重将不断提高,而且非利息收入比重的提高还有利于金融企业自身和下游企业税负的降低。如2015年,全国受托理财余额超万亿元的银行已从5家增加到10家,其中,四大行中的中国工商银行、中国建设银行、中国农业银行理财规模分别增长32％、41.07％、36.29％。招商银行、民生银行等股份制银行增幅更是超过100％,非贷款业务收入占比达到40％以上,其中表外业务占一半。

再如,本次"营改增"对有固定或保底收益的投资、资产管理业务收入要视作贷款服务、受益方不予抵扣的规定,也将引起金融业理财结构的变化。"营改增"后除金融业非贷款业务收入占比提高外,还会引起风险型投资、资产管理业务收入在非贷款业务收入中占比的提高。据企业2015年度年报分析,目前股份制银行非保本理财规模平均占比已达60％~70％水平,建行、华夏、招行、工行已接近80％~90％。收入涵盖手续费、佣金、管理费、托管费、渠道销售费、产品推介费、项目费等。但年均收益率只在0.5％~0.8％,只相当于贷款利差收益率的1/4左右,其中非保本部分1％~2％,保本部分更是只有0.2％~0.3％。由于理财规模大,无论是客户还是银行,对理财受益支付能否抵扣都还是蛮看重的。可以预见"营改增"后,债券特别是免税政府债券将会是银行理财产品的重要投向,且多数将会以持有到期为主,这也是纳税人通过息转费合法享受抵扣权利、提高非贷款业务收入比重、实现转型升级的有效通道。

银行业理财产品的配置方向从固定收益类转向权益类、债券类、净值型产品,还与以票扣税的增值税制度本身的适应能力有关。金融行业业态多,创新产品也多,且由于其产品的抽象性、客户的普遍性和交易的便捷性特点,一项金融服务的增值额在时空上很难准确计算和分割,这也使其增值税发票很难准确开具,更无从判定虚实。

房地产投资信托基金(REITS)也将成为金融业提高中间业务比重的有利途径。该项业务或源于融资租赁售后返租的金融创新,目前抵押型REITS主要由银行面向房地产商发放抵押贷款收取利息收入,而权益型REITS是金融机构实际持有房地产并通过运营收取租金,与利息收入不同,租金收入是可以开增值税发票供抵扣的,这还不能算作息转费。作为创新,这项业务还可以扩展成实体连锁经营商以门店为资产包托管给金融机构取得资金,金融机构又将资产委托其管理,实体商以租金、运营收入作为投资者回报,类似于融资租赁返租业务,而返租的标的物可以是动产,也可以是不动产甚至是权益类无形资产,不动产又分新老不动产,其间的计税方法、税收待遇不尽相同。税制衔接中的疏漏也给了经营者规避的选择空间,选择不了的则努力通过提价转嫁税负,如"营改增"前取得的老商铺经营权转让、续租就面临一般计税和简易计税进销项之间税负交叉衔接的不平衡,如果商铺地段好,比较紧俏,就会寻求涨价转移自身消转不了的税负,否则,则会层层呼吁减税或直接关门歇业。

对增值税进项抵扣制度,国际上甚至认为不存在完善的抵扣方法,更遑论对服务业的以票扣税。所以这次"营改增"扩围的四大行业,金融业是保留原营业税痕迹最多,也是减税最难的行业。往往是允许抵扣,则税款减少且发票虚开管不住,限制抵扣,则体现不出增值税的优越性,减税目标难以实现,当然主要还是金融业高净值和纳税负担能力决定的。因此,"营改增"后银行业非贷款服务部分的创新产品将花样迭出,如并购重组、债转股、不良资产证券化、基金、优先级股票投资等业务占比将会明显提高,这也是增值税的进项税抵扣权利的诱致,同时也给增值税管理带来挑战。

(五)保险业务的发票开受与抵扣权利需要税务创新

保险业声称"营改增"后税负加重的理由一是人工成本、营销费用占比高,可抵扣进项少,如赔付成本、代理佣金等均难取得抵扣票。二是免税范围收窄,如原营业税免税的境外旅游险、国际运输险、境外个人承保的寿险、健康险等标的物在境外,但收入归境内的保险会因不满足零税率的"双境外"标准而不能享受免税。对个人的税收递延型保险业务不再免税也是如此。但对增值税而言,中间环节免税对整个抵扣链乃至转嫁传导机制的损害的确是个问题。

据样本企业资料测算,一般保险业务人力支出占业务成本的35%,代理佣金占15%,前者为非抵扣费用,后者现在可以征3%扣3%。由于这部分支付给代理人个人的费用由保险公司集中代开发票时要按劳务收入代征附加税和个人所得税,实际征税税负远高于3%,代理人感到不划算,而办税厅窗口因无法判断交易内容的真实性,而存在发票虚开风险由谁来承担的问题,如对月代理收入3万元以下的代理人免增值税开普通票,企业所得税的管理风险也不可小觑。

在进销项核算上,由于保险收入在前、风险理赔成本在后的特点,前期几无抵扣,需要赔付时保险提供的价值又无法直接从价格中体现出来,与实体产业相反,前期税负高,后期又会有进项税滞抵问题。

保险业"营改增"的复杂性还表现在促销赠送业务多和第三方支付保险费如何抵扣问题上。保险促销赠送物品或服务算视同销售还是算业务支出,界限并不明晰。目前按有偿赠送不视同销售,免费赠送、用于集体福利要视同销售的划分标准执行起来有些困难,也难以把握。本文认为,一项赠送业务是否判定为视同销售不在于是否有偿,一项用于集体福利的支出是否视同销售也不在于免费与否,关键要看该项支出是否算一项经营性行为且其进项税是否抵扣,即独立经营性行为则视同销售进项给予抵扣,否则不视同,但已取得进项也要转出。而为了促进主业增收发生的业务支出,除非是用于个人消费的支出,也应予以抵扣和税前列支,有收入的并计,无收入的也不存在视同问题。完全与经营收入无关的支出也不存在抵扣和税前列支问题。因此,无论是保险公司还是房地产企业,使用非其经营产品的赠送行为实质上是一种业务费用支出,这种支出如用于促销,潜在的收入已体现在主营业务收入中,进项税还应允许抵扣,不存在也不应该再把这部分支出又"视同"出一块收入来。如果该项支出与经营业务收入无关,则进项不予抵扣甚至不予所得税前扣除,也不是视同销售的问题。只有纳税人用其经营产品或服务无偿赠送他人包括用于集体福利时,才有视同销售的问题。

由于一项保险业务受益人多为个人,也经常发生保险人、投保人、受益人分离的三角甚至多边关系,谁具有保险支出的进项税抵扣权,显得比一般货物交易复杂得多。如果按原用于个人消费的不能抵扣,货物、资金、发票"三流"对应一致方能抵扣的标准,保险业的"营改增"等于没改。例如,一般纳税人为其所雇用员工支付保险费可否抵扣,按一般理解,应看保险受益与纳税人应税收益是否直接相关,单位支付的员工工伤保险、生产安全险等应予抵扣,而为员工支付的生活福利性保险则不应扣除。再如,单位定期性租用(干租)员工车辆为生产经营服务,平常耗用油料和修理修配费用允许抵扣已无异议,但由单位支付的车辆保险费是否可以抵扣则众说纷纭,不能抵的理由是保险受益人是车主个人,保险公司只能把发票开给个人。问题是车辆被租用期间的使用权属于单位,开车的也不一定是车主本人,如果发生涉险且保险理赔不足以赔付事项,兜底的是车主还是租用人?因此,目前简单规定保险公司只能把发票开给车主即产权所有人、租用车辆等产权标的支付的保险费不得抵扣的做法是不合理的,也不符合增值税实则课税的原则。

本文认为,只要保险成本由租用人承担、保险受益也归租用人,允许开票供租用人抵扣也名正言顺。正如纳税人为特殊工种支付的人身安全保险可以扣除,但为员工或企业老板福利性质的保费支出不得抵扣一样,此类问题与4S汽车销售商买车送保险问题一样,可否抵扣不应以保费由谁支付来判定,而应以保险由谁受益、标的物由谁使用来判定。4S店送车险,车的主人或保险受益期的使用人当然有权利抵扣保险费用,此时如果仍沿用货物销售增值税发票的抵扣标准死磕流向的完全一致性,于情理、法律均说不通。实际上,像这种涉及利益各方的多边业务,只要确认抵扣的唯一性即不重复抵扣就可以了,抵扣权在谁那里完全可以由市场来决定。

因此,保险公司无论是公保业务、自保业务、赠送业务还是租用挂靠业务,向谁开票、由谁抵扣并非事物的实质,围绕保险受益方和不重复抵扣才是根本。

但对保险公司自有公务车辆的自保业务,目前规定可以自开自扣,是突破了增值税我开你扣的链条制约原则的。实际上自保业务等同于实体纳税人的自产自用,只能视同销售,其自保所发生的支出已统一进入进项成本了,再允许自开自扣等于左手开右手,实际上已让自保业务双重享受了抵扣待遇。

二、建筑服务业的减税难在抵扣链的全链条顺畅衔接

建筑服务业分包多,劳务成本占比高,在混合劳务与纯劳务间的转换也比较容易。这

次"营改增"为实现同一节点税负上的平稳过渡,也为建筑业专门保留了简易征收和扣除分包款差额计税两个通道,然而建筑业行业链条各节点税负及其与下游房地产业的税负是紧密衔接、相互齿合的完整链条,前道环节税负低,后道环节可抵扣就少,税负就高。前道环节一般计税税负高,后道环节如简易计税,进项税抵扣票也派不上用场。因此,建筑业计税方法的选择不仅要考虑自身税收利益需要,也比其他行业更受到上下游之间税负转嫁的制约。

在正常环境下,一个项目诸环节在选择一般计税或简易征收上是否存在最优组合问题,即从建筑商和房地产商上下游之间全链条考虑,一般 VS 一般、一般 VS 简易、简易 VS 简易、简易 VS 一般四种博弈组合中,有无综合税负最低的最佳组合,再结合考虑建筑业甲供、清水包的材料比例参数,由于应纳税额与计税依据、税率之间不连续的函数关系,理论上很难有税收筹划意义上的最优模型,但市场选择机制应该可以在多轮博弈中找到答案。

由于建筑服务业小规模纳税人多,业内本身上下游之间总分包链条也很长,差额扣除和简易征收只解决了链条某一个环节的税负不增加问题,但如抵扣链各环节按 11% 一般计税和按 3% 简易计税 V 形交叉齿合,平滑性不说,全链条各环节税负也可能会出现断崖式起落,显然大起大落式的税负衔接结构是不利于税负转嫁的,即使上游因垄断因素能强力转嫁也将波及价格市场,价格夹杂着税负因素经多环节传导后是否会引起终端建筑服务商税负提高和房地产价格的攀升,需要专项监测和效应分析。

建筑业计税方式的选择还取决于材料进项占工程价款的比例。样本企业历史数据显示,一般计税的普通建筑业务和专业建筑安装服务均因料工费结构不同、分包比列不同引起税负上的差异,如表 5 所示。

表 5　　一般计税建筑服务分类结构税负测算　　单位:%

行 业	人 工	材 料	分 包	运 输	税 费	其 他	营改增税负
普通建筑	30~35	50~60	(40)		3	7	3.47~4.20
专业建筑安装	45	20	23	7	3	2	4.80~5.69

注:本表可比税负已换算成营业税同口径即含税销售额占比,其中普通建筑税负阈值低限根据表 3 测算填写,高限按 40% 同比例包料分包抵扣 3% 测算。专业建筑安装税负阈值分别按分包 23%(土建 12%、安装 6%、劳务 5%)样本实例结构和 3%、6%、11% 进项税率区间测算。

表 6　　一般计税普通建筑业多层房产百万工程"营改增"税负测算　　单位:%

进项结构分类	按 17% 抵扣材料	按 3% 抵扣材料	综合扣税杂料 10%	无抵扣进项	不能抵扣费用	"营改增"税负
抵扣材料明细	钢材、木材、水泥、砖材、铝材、防水料	沙石、碎石、商品砼	零星料件	水电、花岗岩	人工、三项费、税	
工程占比结构	10.8+2.0+1.5+5.0+10.4+1.0=30.7	2.3+0.7+15.5=18.5	6.7	0.5+0.7+0.5=1.7	31.2+7.8+3.4=42.4	
税负峰值 9.91	−5.22	−0.55	−0.67	(−0.22)		3.47 (3.22)

注:本表可比税负已换算成营业税同口径即含税销售额占比,数据源自样本 2015 年实例并结构化,未考虑分包因素。"营改增"税负(3.22%)为水电等取得进项后的最低税负。

据表5、表6的样本数据测算,选择一般计税的普通建筑服务税负区间为3.47%～4.20%,如果施工场地水电费、建材市场零星采购的花岗岩能取得进项发票,税负可降低到3.22%,仍高于原营业税水平,如项目按简易征收的分包比例高,环节多,则下游税负更高,按40%分包比例测算的税负达到4.2%。一般计税的建筑服务"营改增"后税负提高,主要在人力成本占比高和多环节分包简易计税后抵扣链不平滑因素。据测算,一般工业纳税人的人力成本只在6%～7%,而建筑业平均都在30%～35%,专业建筑安装服务则达到45%。要减税,除降低法定税率外,就是要么提高材料进项比例,要么走甲供、清包方式。据样本数据静态测算,选择一般计税的税负平衡点材料占比在48%左右,材料占比达到60%以上时会出现税负倒挂,但前提是机械化水平提高,劳务成本占比要下来,且材料进项均需取得抵扣发票。

样本企业表示,对能否甲供或清包按简易征收计税,施工方与建设方相比处于弱势,实际上没有多少选择权。在建筑服务业整个分包链当中,人工成本比重较大的项目往往会选择简易方式,但分包如采用清包简易模式则总包税负会有所增加,而下游房地产企业基于现金流的考虑又会要求施工方开具11%的专用票,且砖瓦沙石又很难取得抵扣发票或至多能取得3%的抵扣发票,于是,如总包建筑企业一般计税,税负会明显增加。而如选择简易征税,建筑业多环节分包、多重税率、征收率交叉齿合,上游各分包链11%、3%或者免税的情况均可能存在,上游实际所缴纳的税款并不等于最后开给总包的3%,于是,要么总包兜底承受下来,要么通过价格机制将税负传导给下游房地产企业。

由于一般计税和简易征收间抵扣链的交叉断续而引起税负难以转接难题的还有政府BT或BOT基础设施建设项目。此类项目涉及政府、投资方、运营方、施工方,目前大多数城市基础设施建设的投资方运营方为"城投"、"城开"之类的事业性经济实体,而且诸如城市道路、桥梁、公建项目并无运营收入,项目完成后由政府兜底通过该实体支付建设费用,"营改增"前仅对施工方征收建筑业营业税,投资、运营环节因为只取得来自财政、需要转付的投资运营费用,是不征营业税的。"营改增"后,B环节即施工方改征建筑业增值税没问题,如存在O环节且有运营收入,则按品目征税也无异议。然而在交付即T环节,也要视作转让按"不动产销售"或"权益性无形资产销售"加征一道增值税,就难以操作。因为不向公众收取费用的城市公建项目除为财政转付投资费用外,并无经营性收入,如要征税,也只能由政府财政垫付,相当于对政府投资行为征税,这与收费高速、高铁项目投资是不同的。况且,即使征税,老项目进项税也只有施工方开具的3%抵扣发票,新项目因公建项目可抵扣材料少,施工方更倾向于走甲供方式,否则其自身税负将大幅上升且无法转嫁,投资方是无法承受从施工3%进项到不动产或无形资产转让11%或5%的销项负担的。本文认为,像这种非经营性的城市公建项目,无论是BT还是BOT,T只是交付,不能都理解为转让,如没有经营性差价,完全可以平移原营业税不征或免征政策,既避免了对财政性资金的征税,终端产品也不影响抵扣链的上下转接。

抵扣链的V形齿合问题,同样困扰着老二手房的转让。如按100万元转让买入成本为80万元的老房子,目前老项目二手房可按差额20万元征税并向买方开具按20万元计税的专票。问题是开票是按全额还是差额开,下家是按100万元还是按20万元计算抵税。

如按100万元计抵,则因80万元是营业税税基,并未缴过增值税;如按20万元计抵,则会造成抵扣链条的中断。

接下来再分析对建筑业混合销售和兼营业务的税收问题。原《中华人民共和国增值税实施细则》第六条规定对销售货物并提供建筑服务可分别核算、分别计税,但"营改增"后已没有非增值税应税劳务这一品目,又规定一项混合销售行为不得拆分,由于两项业务税率差异大,对一般计税的带料建筑服务企业税负和取舍影响很大。但本次"营改增"财税36号文附件2第16条又特殊规定,销售电信服务并附带赠送用户识别卡、电信终端等货物服务又要求分别核算、按各自适用税率计税,说明分别核算要求仍是可以适用"营改增"各应税项目的。目前各省执行口径不一,如河北省沿用实施细则,销售建筑材料同时提供建筑服务的,可在销售合同中分别注明销售材料价款和建筑服务价款,分别按销售货物、提供建筑服务计算缴纳增值税。而深圳市表述为提供建筑服务同时提供货物可按建筑服务以11%的税率一般计税。本文认为,深圳市按带料建筑服务品目计税较为合理,这个问题不解决,对钢结构、铝合金等现场安装比重较大的行业税负影响巨大。类似的还有电梯销售安装、维修保养和修理适用税率问题,目前规定销售并安装按17%、维修保养按建筑服务11%、而修理又按17%,由于混合行为增值额的界定较为困难,税率不同,也给纳税人的选择和税收征管带来困惑,应该按"营改增"过渡政策即按主业适用税率统一计税较为合适。本文建议,建筑服务业那些兼营设计、采购、施工等不同应税行为的EPC工程总包项目,如现场搅拌沥青、混凝土并铺装路面项目,在确实无法划分收入的情况下,均可纳入本税目征税。

样本企业调查还显示,普通建筑服务企业可抵扣的进项材料中,砖瓦沙石、木材许多只能取得3%的简易征收专票,水泥、钢材等进项由于"营改增"前长期形成的取票习惯也称获取增值税抵扣发票要加价。电力、公路、市政、公用等专业性建筑安装企业,则称工程造价中如拆迁、零建、青苗补偿等支出无法取得抵扣发票甚至普通记账凭证。

还有建筑施工场所用电、用水的抵扣发票问题,由于发票是按电表开给建设方的,而施工方是实际用电人,建设方在支付工程款中已扣减这部分费用,因此施工方有权抵扣这部分进项。为此本文建议,比照工业企业合作用电分割抵扣方法,由建设方按适用税率转售该部分水电,建设方是非一般纳税人的,由供电部门直接开具或用分割单加发票复印件的方法供施工方抵扣。

由于建筑工地分布广,发票的传递汇集、材料的入库出库、税款的预交申报经常不在同一空间,管理起来难度远大于工业企业,因而"营改增"后对建筑业进项抵扣发票的认定、账务处理要求也不能简单套用货物销售的标准,而应更尊重、遵从实质重于形式标准,并赋予一线主管税务机关预先处置权。如交通建设工程新老项目划分问题,交通建设工程一般走的是投标—中标—合同—进场—开工工作流程,没有许可证,格式合同签约时可能还未完成拆迁和土地征用而无法确定开工日期,甲方中标通知书上也只有工期,决定什么时候开工的是建设监理方出具的开工令,许多时候还会有象征意义的开工形象宣示,开工后工期内再赶进度,完不成的再签约顺延工期,此类工程可以以开工令上的时间作为确认标准。还如建筑施工未完工程的接续也会签补充合同,就会面临两份合同时间跨越新老项目日期的认定问题,如果只看形式不认实质,一个项目两种核算和计税方法就根本无法操作,也建议赋予纳税人简易计税的选择权。

三、房地产业的减税取决于与建筑业计税方式选择的合作博弈

此次"营改增"将一般计税的房地产项目税率从5%升到11%,可扣除土地款,5月1日前开工的老项目可以选择按5%简易征收。目前三线城市开发的房地产项目各项成本中,土地、建筑安装、财务、人力、税收成本结构大致在30∶30∶20∶5∶15的平均水平,项目所在区域、房产用途结构、容积率、建筑密度等因素对成本结构会有较大影响。"营改增"后涉及房地产其他税收的税负水平没有改变,因而能选择简易征收的项目,"营改增"后增值税税负只相当于营业税4.76%的税率,减税是自然的。而选择一般计税的项目在成本结构不变的条件下税负是否会上升,主要取决于来自建筑安装的进项税。

本文测算,样本项目目前未考虑建筑安装进项的静态综合税负率相当于6.94%的营业税税率,如建筑安装成本全部可取得11%的进项税,则可抵减2.97%的税负,即"营改增"后一般计税的税负在3.97%,减税是很明显的。如果建筑安装只能取得抵扣3%的进项税,则只能抵减0.87%的税负,"营改增"后一般计税的税负为6.07%,高于原营业税。这一测算显示,"营改增"后的税负对土地款在成本中的占比依存度很高,往往是土地款占比越高,减税效果越明显。如北京市曾测算,房地产项目按简易计税从5%到3%,税负只降低40%,但选择一般计税,可降低税负45.4%。

因此,静态成本结构下房地产项目"营改增"前后的税负变化主要取决于来自建筑安装的进项税,但两者是合作博弈才能取得最佳减税效果的,因为增值税链条式抵扣原理意味着,下游要多抵、上游就要多交,上游要多交、下游多少要承担一部分。除垄断行业外,最佳的合作博弈模式来自于市场的自然选择,如表7所示。

表7　　　　　　　　建筑房地产"营改增"综合税负增减合作博弈效果

项目内容	计税模式组合一	计税模式组合二	计税模式组合三	计税模式组合四
建筑服务	简易3%、减税	简易3%、减税	一般11%不定	一般11%、不定
房地产	简易5%、减税	一般11%、增税	简易5%、减税	一般11%、减税
上下游	降低、减税简单	不确定、不合作	不确定、抵扣	降低、减税复合
综合税负	叠加、效果明显	抵扣链条不畅	权益未使用	叠加、效果显著

显然,无论建筑业和房地产业计税方式选择的合作博弈方式如何,对房地产业来说还有其他减负途径选择,如精装修式的房产开发可以增加抵扣而降低整体税负,土地资源不足引起的房地产供应的相对垄断优势也可以通过价格杠杆将税负转嫁给消费者。如精装修房产,高档建筑装修材料和灯具、厨具、电器都是可按17%抵扣的,当然这里也有混合销售计税问题,需要及早明确。

本文认为,构成房地产实体部分的建筑装修材料和安装物件视作甲供计入抵扣无可非议,但不构成房地产实体、可移动而不影响功能发挥的物件,如家具、书画一类物件,则应作视同货物销售处理。

房地产项目"营改增"后,还有一个需要关注的问题是项目地预售预征制度引起的区域间征管合作和税收倒挂问题。由于征管法规定外出经营活动税收管理证明只限180天以内的短期经营行为才能开具,而房地产项目所在地在土地招标时对房地产和建筑安装企业的注册要求有绝对的话语权,项目地政府完全可以以独立核算、认定一般纳税人作为项目的招投标条件,如此不要说增值税,就是企业所得税也该就地缴纳了。况且,我国的经济布局决定了项目较多的地方多是级别较高的城市,即使按文件规定预征,也会带征各类附加和企业所得税,在有多个异地项目的情况下,如果因预征引起征收倒挂,协调起来也绝非易事。该政策的可操作性并不乐观。

销售或出租取得的不动产即二手房的"营改增",主要是征管衔接和发票开具问题。实现减税政策需要平衡关注的,一是一般计税的纳税人的老二手房出租从5%一下提到11%税负增加过多,有通过提价转嫁负担的倾向。二是自建房直接投资、出租、回租等复合销售行为,是否应该增加一道房地产视同销售计税问题尚不明确,与外购房产再投资、出租政策上也不平衡。按目前政策解释口径,纳税人用取得的不动产对外投资、分配原营业税是作为完税资产不再征税的,而"营改增"后要征增值税,即新不动产投资分配按一般计税,老不动产按简易征税,这里也存在增值税抵扣链的衔接性问题,如不动产是自建或新购入的,有相应抵扣进项税,视同销售刚好相抵也不会重复征税。如不动产是于2016年4月30日前取得的,虽然适用简易征收,还是比原营业税增加一道税,相当于重复征了两次5%的营业税。

在"营改增"后,自建房产作为连续经营的中间环节,不征建筑服务增值税是正确的,但将自建房直接转为固定资产并用作对外投资,应先做视同销售计税,这与自产货物用作投资、消费是一样的。而老不动产则不应视同销售。对房地产企业采取合作建房、股权收购供地、代建等方式开发的房地产,需要掌握的一条原则是取得房屋的环节均应视同销售,而支付的土地款项应取得财政部门的专用收据方能扣除。由于土地款项的内涵和范围比较难以界定,除地段外,土地开发成本由谁来承担也直接关系地价,农田、坡地、拆迁地、劈山围海造地之间成本差异很大,如果均由政府改造成熟地再出让,自然可以凭票扣除。但许多时候开发商拿到的土地还面临着需要投入或缴纳拆迁补偿费、市政配套费、排污费、人防建设费等基础设施费用,按目前规定,这些后续投入如由开发商完成,则不允许作为土地款项扣除,有些还是从政府收取的土地出让金返还一部分补偿企业的,这些费用是否构成土地成本完全是归集口径问题,仅以是否取得政府土地款财政收据为条件有些牵强且极容易规避。建议按照政府与企业职能划分并规范土地成本构成,根据政府职能应该在出让前投入的土地开发成本,即使转嫁给开发商以不同形式承付,也应予以扣除。

对单位集资代建的房产,如代建公司只收取代理费、不垫付资金、不提供材料、不结算款项,可仅按代理费收入征税,但取得房屋的一方应在房屋分配进入消费环节时按不动产销售征收增值税。

四、生活服务业减税难在平移后复杂的征收品目归属

本次"营改增"对生活服务业的简易征税从5%降到3%,税负显然大减。但按一般计

税的纳税人面临税率从5%提高到6%甚至从3%提高到6%的问题。

如原来按文化体育服务税目3%还可扣除工资部分差额计税的培训、景区门票、劳务派遣小行业,"营改增"后要按6%全额计税,税负将倍增。现非学历教育可选择3%简易征收,而劳务派遣、保安保洁行业允许把派遣人员的工资福利、社保、公积金扣除后计税,或选择简易计税按5%征收率征税。这对于增值税来说是一次历史性的突破,但与同业小规模纳税人全额3%或差额5%相比,其税负矛盾仍可能是增加的。与旅游服务一样,差额扣除部分不能开专票,存在两票制问题。垃圾清扫清运则面临从营业税免税到"营改增"后征税的问题。园林绿化则需要区分苗木自栽、外购、场地工程分别计税的问题。

旅游服务业也平移了原营业税扣除地接费用差额征税的方法,税率同口径从5%提高到5.66%,总体税负多少可以降一点。有媒体曾报道,旅游业原营业税税负只有营业收入的0.4%。如此,"营改增"再减税也不应该会有这一税负水平。样本企业调查显示,直接旅游对外支付的成本费用主要有门票、餐饮、住宿、车船机票、签证费、路桥费、车辆租赁费,除餐饮费、签证费不能抵扣外,可抵扣进项并能取得抵扣票比例约为60%,其中车船、路桥费抵3%,门票、住宿抵6%,两者份额占比约各半。如此测算,"营改增"后可抵扣的进项税约可达到计税金额的1.62%(按40%毛利算),综合税负为4.04%,也是下降的。但组织出境游的收入不予免税,则支付境外部分的费用因无法取得抵扣票而引起税负增加,一些纳税人正通过代垫费用途径解决税负提高问题。

原营业税没有一般纳税人标准,对餐饮、娱乐、旅游、建筑、文化、教育、医疗等劳务成本比重较高的行业管理比较粗放,实际上也只管住了开发票部分,"营改增"后按500万元和36万元两个标准分别设定一般纳税人和起征点,可能会引起一般纳税人、起征点、免税纳税人之间巨大的税负落差。

酒店业经营门类多而杂,相互之间的服务价值又很难划分,"营改增"后一般计税的酒店业将是税收管理的难点。如酒店服务中会务与会展、长包房与写字楼出租、现场消费和外卖、店内商场和客房酒吧、停车与场地出租,均涉及不同的税目和税率,界限如何划分?还有店内娱乐场所、婚礼庆典、经纪服务、厨师或经营团队外包、连锁加盟、广告服务,均涉及征收品目和进项税界定问题。餐饮食材可以使用农产品收购发票,如何把握和区分从农户个人、合作社、菜市场采购,由于收购票、普通票、代开专票之间可抵扣税点的巨大落差,农产品范围界定的不清晰性必然会给抵扣的审核管理带来困难,由于目前从农民个人和农业生产单位、合作社购进自产农产品可凭普票扣税13%,从一般纳税人购进非自产农产品凭专票扣13%,从小规模纳税人购入非自产农产品只能凭普票扣3%,从批发零售单位购进免税农产品则不能抵扣,大跨度利益差异引起的税负不公必然引起虚开隐患。还有,原来规定餐饮业外卖业务可选择按不经常发生的应税行为按3%简易征收,现"营改增"一下子提高到按货物销售17%计税,随意性太大。

再如住宿和餐费分开或一票两栏开专用普通发票且允许第三方支付,早餐、矿泉水等免费赠送服务作有偿赠送不视同销售,现场消费烟酒饮料按酒店服务6%计税等规定。减税减负是实现了,但在对可抵扣发票虚开认定处罚的法律没有修订的条件下,税收和发票管理风险隐患却很大。

随着酒店业网络营销的兴起,在为顾客和店家提供便捷服务的同时,网上预订、住店消费和支付开票难题也显现出来。据样本企业反映,一些通过携程网预订客房的客户在住店消费后,在已取得携程开具发票的情况下仍向店家索取发票,理由是店家提供住宿且住宿费是直接或间接付给店家的。同时,携程也在向顾客开票后又向店家索票供抵扣税款,这使得店家面临着一笔业务重复开票问题。而按规定,携程并不提供住宿业务,实际收取的只是由店家支付的代理业务费,其向客户开具的也只能是相当于代理费部分的发票,但其为了做规模又不用多缴税,采取了从顾客—携程—店家发票流的绕行模式,把顾客的抵扣权利转到自己手中,在这种模式下,如顾客可以凭携程住宿费发票抵扣,就产生了代理业开住宿费发票算不算虚开的问题。

还有酒店宴席、酒吧中少不了烟酒,作为经营环节,酒店提供宴席的烟酒应该与饮料、酱油、调料一样不属于个人自己消费品,可以抵扣且按餐饮或娱乐服务税目6%计税。如此,若宴席收入中香烟与酒水的份额占比高,税负就低。这不仅仅是酒店餐饮服务减税减负的渠道,而且因为现场消费6%与店内外商场销售17%税率的巨大差异,成了避税的通道。

生活服务业"营改增"还有营业税同增值税视同销售上的一致性问题。营业税视同销售的行为较少,汶川地震后原增值税面向社会公众或通过政府、慈善机构的捐赠也已不再视同销售纳税,但属于企业营销模式的问题仍有可能被视同的可能,如充话费送手机、酒店消费送礼券、面向社会随机发放打折抵金券、买房送电视机、买金融理财产品送礼物、买汽车送保险等,本属于折扣或促销费用,被视同销售后成了收入要计税,大多数不能有进项抵扣发票。对于捐赠,纳税人没有收到任何赠送部分的收入,视同销售计税不合情理。本文认为,除非面向特定群体,向社会公众普发或随机发放的抵金券,应视作销售折让不予计税,面向社会和公益事业捐赠的货物服务也无条件免税。

前段时间一些酒店借"营改增"涨价确实毫无道理。但服务行业借"营改增"税收显性化提价,是否与我们以往对增值税是价外税、由消费者负担的选择性引导有关?简单地指责酒店涨价、让改革背锅似无说服力。由此看来,"营改增"后面向消费者的终端服务全面推行价税分离、鼓励取票的宣传是否也会让众多商家也借税收显性化提价,对此,政策解释的口径和应急预案都要做好。正如增值税以票控税、凭票扣税的管理理念被纳税人广泛理解成不开票就不交税、开票要加税、起征点以下不征税就是每户一个月可以免税开具3万元发票,理念本身就成了需要被反思的东西。

五、全面"营改增"后税收征收管理和发票管理难题凸显

服务业"营改增"后,税收征收管理面临的一个很现实的问题是服务业增值额没有清晰的界定标准,对货物销售兼有连带性服务或一次完成但涉及若干项服务内容的连续性服务,如果货物销售或各项服务之间归属于不同税率或不同扣税权利的税目,就面临着税目的界定和收入的分割问题。如会务费,在营业税环境下因为税率相同,会务费可以包括住宿、吃饭、会场服务、接送费用,甚至可以包括会议期间的参观、研讨、晚会、礼品费用,"营改增"后则因为有税率和抵扣权利的差异,可以抵扣的会务费可能仅限于会场服务费,

住宿费、餐饮费和其他会务安排费用就要求分开算且分别开票。但分开算怎么界定各段收入或者怎么判定各段收入的合理性是很困难的事情，对货物销售的合理定价，我们有可比价、第三方价、成本加合理利润价三项标准来防范以规避纳税为目标的转让定价。但服务业标准和定价很难有参照物，行业均价、第三方价格没有可比性，即使执行同一套服务标准的连锁酒店在不同城市或同一城市不同区段，定价标准也不同，而且会受季节、客户资质、是否团购等因素影响，纳税人定价只要符合市场标准都是合理的，但税务监管难度就大了。当然我们也可以比照原增值税混合销售合并确定一个税目征税，但这不是一种负责任的做法，规避空间也很大。服务业"营改增"后税收征收管理面临的第二个问题是：专用发票开具和取得能否沿用原货物交易的票、款、货一致性标准？实际交易真实发生但类似于在税局代开、间接取得，但票款和服务流向不一致或无法判定的，增值税发票可否抵扣还是直接认定虚开？按照虚开发票的简单定义，纳税人开具与实际交易内容不实的发票皆可算虚开。那么，住宿费中含有免费早餐、房内赠送水果饮料而发票全开成住宿费算不算不实？物流企业雇用社会车辆后用油卡支付司机运费自己抵税，与无运输工具从事货运代理自己承担油费用于抵扣是否有本质区别？建筑业务多环节分包后可否用转贴现的方式将增值税发票间接辗转抵扣或行使越位抵扣权？汽车4S店购车送保险活动等类似第三方支付并赠送的服务，受益方是否享有抵扣权？营业税管理中常见的以办公用品、加油卡发票等可抵扣费用冲抵个人劳务支出，查出后是否认定虚开违法？这些问题都是原增值税发票抵扣规定所没有碰到的。

由于我国增值税实行以票管税、凭票扣税的基本制度，相对于营业税而言，增值税税收征收管理的刚性也较强。原来许多细类行业的营业税碰到行业税负较高、重复征税较重的情况，已经汲取了增值税的优点而采取差额征收办法，这种办法实际上已是实耗法或扣额法的增值税，操作起来比扣税法特别是以票扣税法简单宽松，加上营业税的减免和扣除会赋予地方政府一定的权限，而相对于更远的管理层，直接管理层会更乐于减轻管理对象的负担，且层级越少，操作效率越高，这种传导效率与管理层次相关而与管理层级无关。样本企业反映，纳税人从以往税收管理中比较，觉得地税决策效率高，更接地气，而国税比较机械，刚性太强，一点点事情都要请示汇报，不敢担当。政策细节上未明确或理解不确定的问题也无人敢表态，首问负责后即没有下文或外交辞令式地绕着说。要么能严不宽，能多收的尽量多收。这些问题并非都能以"过头税"或"有税不收"两个极端就能概括的。如以往对预期未认证增值税发票即不预抵扣问题，未发生实际交易行为而虚开发票查处时，既要认定其应税行为全额补税罚款又不允许受票方抵扣且还要双重处罚问题，在营业税环境下都是不可能发生的。

本文以为，在"营改增"实施后，增值税的立法、刑法、税收征收管理法关于发票违法认定和处罚条款以及发票管理办法的修订马上就应启动。否则，条法过严又让多数人无法适从而只能选择性执法，恰是法度本身的硬伤。

六、"营改增"后财政分享体制调整或引发三产重构

"营改增"对地方可支配财力的影响是地方政府普遍关心的问题。这次四大行业"营改增"后国务院迅速公布了增值税分享新体制,即将全部增值税列入中央地方共享税,分享比例由"七五二五"调整为五五分成,并以各地2014年可支配财力为基数,存量不动,增量返还。即地方上划增值税将以税收返还形式补足地方财力不低于2014年水平,其余集中的增值税收入则以均衡性转移支付形式支持中西部地区,以推进基本公共服务均等化。

与以往只改税种不改收入级次,即原来营业税收入归谁改增值税后仍归谁相比,这种分成和转移支付分配新体制或会引起地区间财力格局的调整和产业格局的逆袭。首先,原营业税是纯地方税,与增值税相比,地方政府的利益驱动本能当然更乐于做大营业税,前四次"营改增"虽不改变收入归属,但大家都有了增值税分配体制将作重大调整的心理预期,按照收入分配体制改革保既得利益的历史习惯,做大营业税就是做大地方可支配财力基数。于是,提高服务业增加值在国民经济中的比重、鼓励生产性服务业从制造业剥离、以机器替换劳动力享受消费型增值税政策红利等政府主导模式在转型升级的旗帜下轰轰烈烈地开展起来,以至于2013年"营改增"在全国推行的第一年,第三产业增加值比重便首次超过第二产业。也是从2012年起,大多数省份的营业税收入增幅实现了几倍于同期GDP增幅的超常规增长,有些省份还对营业税展开了大规模、运动式的清欠和清算,全国2012－2015年营业税平均增幅分别为15.1%、9.4%、3.2%、9.3%,2016年4月增幅达到74.8%,除2014年外,均远高于同期增值税收入增幅。2014年是2012年首次"营改增"以来营业税增幅最低的一年,该年地方财力基数特别是营业税收入增幅处于峰值状态的地区相对得益较多。然而,收入分配体制也是把"双刃剑",服务业比重较高的地区在"营改增"后原100%归地方的营业税也有50%被体制集中,即2015年后"营改增"收入占比较高的地区被集中的份额更多,在返还补足其2014年财力基数后,其余将被转移支付。而原增值税占比较高的地区则因其分成比例的提高而受益更多。2015年,全国服务业GDP占比是50.5%,最高的北京79.8%、上海67.8%,浙江省是50.2%,而同期第三产业营业税份额又要高于其GDP占比,如全国2014年第三产业营业税份额为53.5%,2015年为55.6%。2015年以后第三产业GDP、"营改增"收入占比高的地区,也意味着对国家财政贡献更大。

对增值税集中增量的转移支付是按户籍人口还是按常驻人口方法,以及企业所得税改革以后的地方财源建设问题,靴子尚未落地。目前地方财政普遍对土地使用权出让收入依存度较高。由于土地收入具有波动性和不可持续性,税收收入占地方公共财政收入比重的高低是衡量财政收入质量的标志。浙江省2014年该比重达到93.5%,居全国之首。但该省的服务业收入比重在全国也是算高的,增值税五五分成后,体制上划比例提高,而中央转移支付主要面向中西部,地方财力增收潜力趋缓,弥补这一财力损失的途径除了现有地方税种征收管理上的挖潜外,进一步改革后可能会将消费税、车辆购置税划归地方,车辆购置税原是国税征收的中央税又经财政部全额返还地方交通部门的税种,划为地方税后实质上没有收入增量,而消费税原也是100%中央税,但列入地方体制上解增量1:0.3返还一般性转移支付基数。改革后的消费税将原"高能耗、高污染、高消费"征收范围再扩大,并将征收环节转移向批发零售环节,如卷烟、油料等消费品的消费税全部在零售环节征收且全部作为地方税,生产地、资源地和消费地之间的财政收入格局将大幅调整,对消费能力较强的发达地区财力较为有利。然而污染、能耗、高消费是把"双刃剑",作为地方税在消费地完税是合理的,因为其治理责任和支出责任更多在地方。

参考文献:

[1]王俊丹.16家上市银行2015年资管业绩解读[N].21世纪经济报道,2016－05－11.

[2]财政部.关于推开营业税改征增值税试点的通知.财税(2016)36号.

[3]国家税务总局营改增领导小组办公室.全面推开营改增业务操作指引[M].北京:中国税务出版社,2016.

[4]周潇枭.史上最复杂营改增落地 破解金融业增值税世界难题[N].21世纪经济报道,2016－05－02.

[5]宋佳燕.27家千亿以上未上市城商行2015年经营业绩汇总表[N].21世纪经济报道,2016－05－17.

[6]Shapiro M D,Slemrod J.Consumer response to tax rebates[J].*The American Economic Review*,2003(3).

[7]Forum on Tax Administration:Taxpayer Services Sub-group Information Note Programs to Reduce the Administrative Burden of Tax Regulations in Selected Countries,2008－01－22.

宏观视野下的"营改增"与新一轮财税改革取向刍议

范建鏋[*]

摘　要： 处于经济转型新时期的"营改增"和财税体制改革,从初始阶段起就已交织了诸多难以处理但又不能不面对的利益关系。随着改革的全面深入推进,"营改增"遭遇一定的困境,有必要在改革中反省,深刻反思"营改增"在财税改革整体棋局中的定位和财税改革在全面深化改革整体棋局中的定位,以及对它们所寄予的期望。在新的历史时期,厘清"两个定位",对改革的下一步取向,对妥善处理中央与地方关系,具有重大的指引意义。

关键词： "营改增"　财税改革　"两个定位"

一、引言

中共十八届五中全会提出,"坚持创新发展,必须把创新摆在国家发展全局的核心位置,不断推进理论创新、制度创新、科技创新、文化创新等各方面创新"。必须把发展基点放在创新上,形成促进创新的体制架构,塑造更多依靠创新驱动、更多发挥先发优势的引领型发展。为了培育发展新动力,构建发展新体制,应加快形成有利于创新发展的市场环境、产权制度、投融资体制、分配制度、人才培养引进使用机制,深化行政管理体制改革,进一步转变政府职能,持续推进简政放权、放管结合、优化服务,提高政府效能,激发市场活力和社会创造力,完善各类国有资产管理体制,建立健全现代财政制度、税收制度,改革并完善适应现代金融市场发展的金融监管框架。

由此可以看到,在当前的经济形势中,在创新的视角下推动财税体制改革,切实加快推进改革步伐,以更好地适应全面深化改革的总体形势,具有重大意义,也值得高度关注。

二、"营改增"与财税改革的重要性和紧迫性

与所有其他方面的各种体制改革有所不同,财税体制改革历来肩负着一个重要职责——"覆盖全部、牵动大部",并全方位地调整人们的利益格局。这是由财税职能和财税体制所具有的"综合性"这一突出特征所决定的。由于财政收支是所有政府活动的基础,

---

[*] 作者简介：范建鏋,中国社会科学院财经战略研究院财政研究室副主任、副研究员。

又是连接政府和家庭、企业的最直接的纽带,故而财税职能的履行和财税体制的运行,其范围能够覆盖于所有政府职能、所有政府部门和所有政府活动领域。其触角能够延伸至几乎所有家庭和企业、几乎所有经济社会活动领域。因此,财税体制改革所牵动的,不仅是财税领域本身的体制改革,而且可以延伸至整个经济体制改革,甚至可以触动包括经济、社会、政治和文化在内的所有领域。

财税体制的重要性和财税改革的紧迫性,并非只是在当前才表现出来。从历史视角看,改革开放以来的经济发展经验,尤其是财税领域的改革经验,值得关注。1978年以来的三十多年间,财税体制改革事实上一直是我国整体改革的突破口和主线索。我国的改革,最初是从分配领域入手的,当时确定的主调是"放权让利"。政府"放权"也好,"让利"也罢,主要就是指财税上的管理权和财税在国民收入分配格局中的所占份额。正是通过财税领域的"放权让利"并以此铺路搭桥,才换取了各项改革举措的顺利出台和整体改革的平稳推进。

1992年10月,中共"十四大"正式确立社会主义市场经济体制的改革目标。1993年11月,中共十四届三中全会通过《中共中央关于建立社会主义市场经济体制若干问题的决定》,建立适应社会主义市场经济的财税体制,为整个社会主义市场经济体制奠基,也就成为那一时期的必然选择。可以说,正是由于打下了1994年财税体制改革的制度创新基础,才有了社会主义市场经济体制的全面建立和日趋完善。

中共"十八大"以来,随着全面深化改革目标的提出和一系列措施的实施,经济领域的改革向纵深推进。逐步"扩围"中的"营改增"试点,乃至"营改增"的全面铺开,可以看成是全面深化改革措施在财税领域的具体展开。因此,从这一角度看,"营改增"绝非一般意义上的税制调整或税制改革举措。由于它会带来包括地方主体税种、中央和地方税收征收管理格局、现行分税制财政体制基础以及中央和地方财政关系在内的一系列重大变化,因而它完全可能成为引发或倒逼整个财税体制和整个经济体制重大变革的导火索。从当前"营改增"在全国范围所遭遇的情形来看,上述判断并非虚言。

三、"营改增"能否再造税制新体系?

近年来,随着"营改增"逐步在行业间艰难扩围并最终在全国范围内落地,对于增值税扩围利弊的深入剖析,以及由此引发的对我国税制结构调整的再认识,甚至对增值税本身的优劣的探讨,似乎又掀起了一轮新的高潮。

自增值税制度引入我国以来,经过二十多年的发展,其优势可谓有目共睹。不过,在当前我国经济处于"三期叠加"、产业结构亟待转型的特殊情形下,处于新一轮财税改革棋局中的"营改增",其成效究竟将如何变化,可谓万众瞩目。客观而言,"营改增"的重要性乃至它对中国经济的推动作用无须再过多强调,对其是否应该寄予过多期望,倒是值得警醒的。

"营改增"所引发的税制结构变动,对税制革新的影响,税率的可能调整趋势,乃至财税体制变化和政治体制的可能变化趋势,都令人高度关注。对于这样一种系统性的结构变动,如何看待其成效,从不同的视角,自然可以得出不同的评价。此亦常理。唯一需要进一步追问的是,未来"营改增"即便在全国全面顺利推进,假如目前的宏观经济形势未有大的转机,它是否真能推动财税体制顺利完成实质性变革,从而为经济的转型发展注入新的活力?

有些学者认为,已全面推开的"营改增"无疑是一项系统性的制度变革。言其系统,乃是指它涉及中央与地方的财政关系、国家与企业的税收关系、地区间的利益竞争格局等诸多层面,此外,"营改增"还涉及上下游企业的价格博弈。凡此种种,虽不无道理,但在笔者看来,撇开最后一点暂且不论,其余各种利益主体间的博弈,其实都指向了一个共同的有待改进的方面——现行财政制度及财政管理体制上的不完善、不成熟性。稍加梳理不难发现,自 1949 年以来,我国财政管理体制实际上只是形成了一种对财政事务的相机调整的灵活机制,而财政制度核心内涵的建设,仍有待规范,甚至可以说,迄今依然相当缺乏。并且,对纳税人与公共财政受益者这两种角色集于一身的居民而言,在"人"这一层面的财政管理规范至今仍几乎付之阙如。一个典型事实是,受限于个人信息不完善和难以全国统筹管理,目前意欲推进个人所得税的综合计征,基层部门难以实现有效征管,这已直接成为制约改革措施顺利推进的"瓶颈"因素。从宏观财税史视角考察,可以更清晰地看到,以往 60 余年的税制设计、税收管理等方面的治理思路,基本上是沿袭计划经济时期的"国家—企业"间的治税思路。即便改革开放以来三十多年已有若干制度性变革,但总体而言,治税理念仍无多少实质性变化。处于这种格局之下,轻言为企业减负,其实现途径无疑有限,而仅将希望系于"营改增"一途,至少也是不全面的判断。它恰恰凸显了我们对共和国财税史某些重要环节的疏忽。

其实,对这一问题的认识,近代学者梁启超早在 1915 年就已有所提及。梁启超认为,古代时期,中西方财政学皆不发达,有许多共同原因。我国古代财政学不发达,原因则主要有六,其中之一就是,历史上国家势力如果过于强大或过于薄弱,则仰赖财政的成本是较低的,也就是说,国家对财政资源的汲取是比较容易实现的。另外一个重要原因则是,中国古代历史"争乱相续,民众安居乐业之难,而国家不时之需,又层起叠出,其间无复秩序规则足资披讨",由此也导致了财政管理上的无序性和无目的性。梁氏这一论断,即使放在今天的中国,也颇值得回味。对我们反思中央与地方关系、集权与分权之争,相信都有裨益。

"观今宜鉴古,无古不成今。"假如我们承认一项制度是逐步演进的,我们就无法否认今后 10 年,乃至 20 年、30 年的财税制度变革,必然脱胎并受限于现有的财税体制框架。假如再考虑当前已不容忽视的既得利益集团之庞大势力,我们也不难想象推进改革的艰难。处于此种情势之下的"营改增",在其全面推开之后,能否再造出一个适应新时期我国经济形势发展的税制体系,又如何逐步再造出这一税制体系,其实在很大程度上考验的已不仅仅是财税专家,更与财税实践部门的智慧紧密关联。

在未来的岁月中,如果仍停留于仅仅提出框架式的构想,而不寻求进一步深化改革、突破"瓶颈"之策,那么,即便所论再高明,各种措施也依然不能"落地生根",而在财税这一动辄触及利益重新分配的核心改革领域,它也依然是苍白无力的。

从这个意义上可以发现,如何从宏观财税史的视角给予当前的"营改增"一个恰当的新定位,是所有身处新一轮改革进程中的人士不能不高度关注的,甚至也完全可以说,它已成当务之急。这一改革固然考验新一轮财税体制变革的实质推进速度,它其实也对我们的改革理念形成新的冲击:我们所要建立的,乃是一种真正适应市场经济运行机制、能切实增进我们福利水平的财税新体制,而不是那种只是适应市场化社会的财税体制①。认识到这一点,对当前以及今后深化财税改革进程中更明晰地确立我们的目标,无疑有极大帮助。

四、"营改增"对财税体制改革与化解地方举债压力的影响

2013年6月10日,审计署公布了对全国36个地方政府本级2011年以来政府性债务情况的审计结果,引起各界广泛关注,也使公众对我国地方政府债务情况的"冰山一角"再次有了感性的认识。

审计署报告显示,截至2012年底,36个地方政府本级政府性债务余额达38 475.81亿元,比2010年增加4 409.81亿元,增长12.94%。但从债务形成年度看,2010年及以前年度举借20 748.79亿元,占53.93%;2011年举借6 307.40亿元,占16.39%;2012年举借11 419.62亿元,占29.68%。应该说,不论是债务总体规模还是年度相对比例,相对于近年来GDP的增速趋缓和财政收入增速的大幅度下降,这一变动现象值得高度关注。

事实上,地方政府性债务问题并非今日才受到普遍关注,其债务形成也不是近年来才出现的事情。2005年之前,我国地方政府性债务已有存在,但那时主要是与县乡财政困难问题联系在一起的,主要是由于政府收支存在缺口而被动形成的负债。因此,在2005年之前,或有负债所占比率较大,普遍存在的一种状况就是,越到基层政府,或有债务越大,经济基础越薄弱、政府财力越拮据的地区,或有债务越大。2008年国际金融危机之后,出现了一种新趋势,地方政府为了发展经济,特别是着眼于城市建设和基础设施投资,开始了大规模主动融资,政府性债务急剧增加。从审计署报告中也可以看到,各地截至2010年度举债仅占53.93%,其后两年举债额度则占46.07%。因此,在新形势下,除了关注地方政府债务总额的上升,对其结构上的变动以及举债动因也有必要给予更多重视。

地方政府债务总额的不断攀升,反映出我国省以下财政困难问题长期以来一直未能得到较好解决。虽然近年来中央财政转移支付规模逐年加大,但似乎仍无助于从根本上缓解地方政府的财政压力。从体制方面看,这与目前我国所实行的有待完善的分税制财政体制有着密切关系。1994年分税制改革,着重解决的是中央财政收入的规范问题,而对省以下财政考虑较少,改革之后,又由于中央政府在下放事权的同时,不断上收财权,这种财政管理体制上的"财权与事权不匹配"特征,使地方政府的财政压力不断加大。其实,在审计署2012年的另一份重要报告(第26号公告)中,对全国抽查54个县财政性资金的审计调查结果已经指出,县级部分财政性支出存在一定压力。目前,由于我国缺乏相关法律制度来规范各级政府的事权和支出责任,出现了上级政府下放事权,县级政府支出责任不断增加、与其自身财权不完全匹配的现象。

---

① 所谓市场化社会,是指诸多资源可以市场化交易的社会。它与我们通常所认识的市场经济社会并不相同,其本质甚至可以说相去甚远,详细论述可参看哈佛大学教授桑德尔的著作。

审计抽查的 54 个县 2010 年支出结构表明,为满足国家有关农业、教育、科技等法定支出的增长要求和中央有关部门出台的达标增支政策而安排的支出,是其当年公共财政支出的 77.23%,余留给县级政府自主安排的财力占比很小。这种状况无形中迫使地方政府不得不另外寻找财源或融资渠道。2011 年,54 个县所实现的财政性收入中,非税收入所占比重高达 60.45%,已能充分说明问题。除了非税收入,可用于缓解支出压力的重要措施,还有举债一途。但是,《中华人民共和国预算法》明确规定,"未经批准调整预算,各级政府不得作出任何使原批准的收支平衡的预算的总支出超过总收入或者使原批准的预算中举借债务的数额增加的决定"。这实际上是对地方政府举债行为的严格限制。不过,虽然体制上的空间不断收窄,实际情形却是大部分地方政府仍有负债,甚至一些地方违规取得和使用债务资金,而一些地方获得债务资金后却又未及时安排使用,闲置时间有的高达两年之久。种种现象交织并存,反映出我国现行财政体制已无法适应经济转型进程中所出现的诸多新情况。

未来,关注地方政府的债务问题,除了聚焦于债务资金的使用效率外,其举债规模是否可控,能否被限定于一定范围内,也值得重视。追根寻源,在现有地方政府本无权限举债的前提下,其实所有地方政府的债务问题最终都将转化为中央财政的偿付能力问题,一旦债务风险加大,首先承受压力的将是地方财政运行格局,但假如地方财政运行长期入不敷出,中央财政无疑要担负起相应责任。换言之,如果地方债务风险不断加大,由中央财政来最终"兜底"的可能性就越大。现有的中央和地方政府间的财政关系决定了这种传导机制几乎是必然的、无可回避的。

谈及地方政府债务风险问题,并不意味着地方政府财政收支形势必然趋于恶化,也并不意味着改善地方政府财政困境是无解的。其实,如果对现有的财政管理体制中有关事权与财权的背离程度有比较清晰的认识,循此思路加以改进,从体制上寻求化解地方政府财政困境之策,未尝不能够得到较优的方案。首要的问题仍在于决策层是否有足够的魄力敢于对财政管理体制痛下猛药、快下猛药。

在这方面,对地方政府债务精细化管理有着相当丰富经验的英、日等国的措施足以供我们参考、借鉴。英国、日本均为中央政府权力高度集中的单一制国家,与我国类似。两国对地方政府债务均强调实行严格的计划管理、审批制度和审计监督。英国财政部成立了独立专职的债务管理机构,负责政府债务。英国中央政府还建立了地方政府偿债准备金制度,要求地方政府制定年度预算时安排一定比例的收入用于偿还债务,规定偿债准备金应保持在债务本金 4% 的水平。这些措施,主要都是为了防范政府债务风险累积。

与发达国家已经建立起比较完善的债务风险防范体系相比,我国所要走的路,无疑还相当漫长。从长远看,化解地方政府债务风险,其治本之策,或许主要仍是预防胜于治理。由此,地方政府债务风险的精确度量和评估就成为一项重要的工作。如果说,加快分税制大框架之下的财政体制改革,调整中央和地方财权财力分布格局,使之趋于优化,这是自"上"的角度所可以考虑的策略,那么,地方政府从自身出发,着手构建政府债务风险识别和预警体系,则是自"下"的角度所可以推进的措施。据笔者调研所知,一些地方政府已开始重视债务风险的度量和评估,应该说,这是一个很好的势头,其进展和变化值得高度关注。

五、财税改革:警惕优势渐失后的改革阻力

二十多年前,谈起财税改革,那是一个令人怦然心动的字眼,谁也不曾料到,它一举改变了此前中国财政收支运行的困窘格局。迄今为止,改革所确立下的制度框架仍然发挥着不可估量的影响。然而,二十多年后的今天,制度惯性却使它几乎变成了一个财税"利维坦",既有的税收分享格局在中央与地方之间未见明显改善,结构性减税措施似乎也早已无法适应复杂多变的经济社会发展形势。

或许正是基于这样的认识,人们对呼声甚高的新一轮财税改革寄予了厚望。一些专家甚至认为,对于"十八大"后正紧锣密鼓谋划启动的新一轮经济改革,财税领域或将是突破口。这样的看法当然有其诸多理由,不过,如果我们放宽历史的视角,不难发现,财税领域虽然被推至改革的风口浪尖,但如缺乏中央部门的强力支持,它也很难独担重任。

不同于其他领域的宏观调控手段,财税政策措施常常被赋予"牵一发而动全身"的特征,惟其影响之大,涉及面之广,运用起来不能不慎之又慎。因此,针对财税领域的改革也就不能不反复斟酌。数据显示,中央财政收入增速近两年来已持续处于低位,这已成为我国财政收支形势的一个新的典型特征。传统中国的治理之术常告诫我们:居安思危,未雨绸缪。那无疑是从优化资源配置的角度所作出的善意提醒。当前,已经可以明显感觉到,以往财政收支格局所具有的种种优势正逐步丧失,恰恰又在这种时刻启动规模甚大的改革工程,可以想见,其推进难度必不会小,可能受到的既得利益阶层的阻力必有所显现。很有可能,这将是一场"拉锯战",倘若不能在制度安排层面给予既得利益阶层较好的"补偿","拉锯战"必然会持续一段时间,处于此种局面之下的财税体制、收入分配制度改革,恐怕还无法像人们期盼中的那样顺利推进,给人们交出一份满意的答卷。

其实,历史发展的不同阶段往往呈现出丰富多彩的面相,在改革有所迂回的阶段,将目光投射到历史视野中,辨明是非,我们完全可以从中汲取有益的养分。一个有益的案例来自我国台湾地区。大约70年前,海峡对岸的台湾地区挣脱了日本的殖民统治,回归祖国的怀抱。为了应对战争之后的财政困窘形势,同时也为了整顿日本占领时期所遗留下来的租税旧制和大陆带到台湾的税制互相夹杂、混乱共存的局面,台湾有关部门于1950年成立"税制改革委员会",专责税制改革。此次改革,重点以整顿税制为主,除了制定税捐统一稽征办法之外,还将过去地方征收的户税和省征收的所得税配合课征,并实施统一发票制度。与此同时,简化税目,降低税率,划一罚则,颁布税种表(将各税种明列在一个表内,告知纳税人,凡未经表列的,纳税人可以拒绝缴纳)。经过整顿,当年立见成效。整顿后的1950年6月,台湾各税收入比1949年6月大幅增收,最高的激增30多倍,最低的也激增8倍。1950年全年税收总额比1949年增加1倍;1951年全年税收总额又比1950年增加1倍。上述所举,仅仅是一个具体而微的事例,说明财税措施采取得当,效果不容小觑。

长期服务于台湾财经界,自1950年开始就负责和参与台湾历次税制改革的鲍亦荣曾一直主张"减税普收"之道,直至晚年,他仍坚持认为,"只有减税才能普收,只有普收才能公平,只有公平才能防止逃漏。此为我毕生服膺的理财原则"。古人尝言,谋定而后动,其势不可挡。今天,我们在面临新一轮财税体制改革的关键期,重温鲍氏这段话,仍能得到极大的启发。尤其是,两岸文化传承相近,新一轮改革所依凭的社会心理、文化背景也有共通之处,认真总结、借鉴台湾的赋税改革经验和教训,对我们的意义或许要远远大于从欧美等国直接输入制度与经验。

六、小结:启示与阐发

处于经济转型新时期的"营改增"和财税改革,其实从初始阶段起就已交织了诸多难以处理但又不能不面对的利益关系。

首先,从中央与地方关系的改进角度看,在当前,主要矛盾是如何调动各级政府改革的积极性和主动性,以推动政府改革来规范政府和市场的关系,进而带动财税改革和整体改革。不论从哪个方面看,这都是下一步改革的关键环节。进一步看,政府改革的核心问题是政府职能作适应市场经济体制的规范化调整。当前政府所履行的各项职能,尽管项目繁多,表现各异,但从大类区分,无非是"事"和"钱"两个方面。前者主要涉及行政体制,后者主要指财税体制,我们实际面临着从行政体制入手还是由财税体制入手来转变政府职能两种选择。

就各级政府和各个政府部门之间的权力归属和利益分配关系而言,行政体制的调整对其的触动是直接的、正面的,财税体制的调整对其的触动则是间接的、迂回的。因此,以财税体制改革为突破口,顺势而上,有助于迂回地逼近政府职能格局的调整目标,进而推动政府和整个经济体制的全面改革。

而从历史上看,中央与地方关系同样涉及多个层面的利益格局,其中尤以财政权力的配置和财政管理体制的构造为核心线索。近代以来,我国经济社会发展历经波折,中央与地方关系变动频繁,财政体制更可以说是五花八门。在清代,我国中央与地方关系的历史,大致可以划分为清前、中期(1644—1840年)和晚期(1840—1911年)两个阶段。在前一阶段,中央与地方关系的格局基本上是稳定的,中央政府保持着高度集权和对地方的绝对控制权;在后一阶段,随着西方列强入侵中国,加上太平天国运动的爆发,迫于形势,原属中央政府的权力开始下移,国家权力配置体系发生重大逆转,中央与地方关系开始呈现出前所未有的一些特征。自清朝覆亡至1949年中华人民共和国成立之间,短短数十年,中央与地方关系数度变化。从民国成立之初的"群雄逐鹿",到国民政府早期的全国短暂安定局面,诸多变革因素也引致中央与地方关系不同程度的紧张与和缓。而自1949年以来,国家的统一局面重新奠定了中央集权的初步格局,此后30年间,这一格局基本未有大的改变。改革开放以来,在中央集权的总体格局下,由于经济领域的逐步开放,地方权限有所扩大,逐步形成了政治—经济"二元"格局,即政治领域的中央集权与经济领域的逐步开放并存的局面。

随着经济领域改革的深入推进,在新的历史时期,妥善处理中央与地方关系,有着诸多前所未有的新机遇,但无疑也面临着诸多新挑战。

其次,从税制结构优化的角度看,在"营改增"后,不论增值税分成比例如何设定或变动,无法改变的一个事实是,增值税"一税独大"的局面仍将持续相当一段时期。这对于税制结构的均衡而言,是一种"向坏"的趋势而并不能说是一种"向好"的趋势,与税制改革的初衷有所背离。未来,尤其是在财政收入将在中长期内处于一个比较稳定的低速增长区间内,税制结构的优化与均衡将更是一个值得重视的问题。

再次,从推进改革全局的角度看,在全面深化改革的进程中,如前所述,财税体制的改革难度显然要小于其他一些领域,假如在较易改革的领域都无法顺利推进,比如以财税体制的先行改革作为突破口,那么,容易推知,改革的深化与全面推进,无疑将遭遇更大的阻力。当前的形势已经部分说明了这一困境。

总而言之,在"营改增"已全面推进,但确实遭遇一定程度的困境的当前,有必要在改革中反省,深刻反思"营改增"在财税改革整体棋局中的定位和财税改革在全面深化改革整体棋局中的定位,以及对它们所寄予的期望。厘清"两个定位",对改革的下一步取向,具有重大的指引意义。上述两个定位虽属两个不同层面的问题,但二者间毫无疑问是紧密关联而又互相作用的,因而宜于统筹考虑、通盘谋划,毕其功于一役。

参考文献:

[1]高培勇.论国家治理现代化框架下的财政基础理论建设[J].中国社会科学,2014(12).

[2]高培勇.由适应市场经济体制到匹配国家治理体系:关于新一轮财税体制改革基本取向的讨论[J].财贸经济,2014(3).

[3]高培勇.中国财税体制改革30年研究[M].北京:经济管理出版社,2008.

[4]高培勇.中国财税制度30年:回顾与展望[M].北京:中国财政经济出版社,2009.

[5]李剑农.中国近百年政治史:1840-1926[M].上海:复旦大学出版社,1996.

[6][美]迈克尔·桑德尔.公正[M].朱慧玲,译.北京:中信出版社,2012.

[7][美]迈克尔·桑德尔.金钱不能买什么:金钱与公正的正面交锋[M].邓正来,译.北京:中信出版社,2012.

[8]史志宏,徐毅.晚清财政:1850-1911[M].上海:上海财经大学出版社,2008.

[9]徐中约.中国近代史(上、下册)[M].香港:香港中文大学出版社,2001、2002.

[10]杨荫溥.民国财政史[M].北京:中国财政经济出版社,1985.

[11]杨志勇.现代财政制度探索:国家治理视角下的中国财税改革[M].广州:广东经济出版社,2015.

[12]周天勇,王长江,王安岭.攻坚:十七大后中国政治体制改革研究报告[M].五家渠:新疆生产建设兵团出版社,2007.

我国财政信息公开的阶段性目标

——基于 IBP 评估框架与数据的聚类分析*

曾军平　尹嘉玮　杨　玥[**]

摘　要： 受财政信息公开一般规律及我国特殊国情等多方面因素的限制,我国的财政透明度建设不可能一蹴而就。如果能将财政透明度的长期目标分解成若干个可操作的阶段性目标,这在一定程度上可以提升目标得以实现的可能性。鉴于此,以国际预算合作组织(IBP)"预算公开调查"项目所确定的评估框架为目标导向,通过对此评估框架所涉透明度各指标所作的聚类分析,本文就实现我国财政信息公开的阶段性目标进行了研究。研究认为:可以将我国财政信息公开的总目标分解成四个阶段性的目标。其中:①阶段性目标Ⅰ是实现财政基本信息(支出按行政单位、经济性质、功能与项目分类的信息,税收收入与非税收入分别按来源列示的信息与债务的组成及利息支付)的公开。②阶段性目标Ⅱ主要是对阶段性目标Ⅰ所涉及的财政基本信息作纵向的年度扩展:公开以前年度的财政基本信息(实际的和估计的)、对未来的多年期财政基本信息所作的估计信息,并保证相关信息的可靠性与年度间的可比性。③与阶段性目标Ⅱ从纵向扩展信息公开的范围不同,阶段性目标Ⅲ尽管涉及对阶段性目标Ⅱ的深化,比如公开前后财政年度预算收支的详细信息,但其重点则是对信息公开的范围做横向的扩展:公开基金收入与捐赠等特殊的财政收支信息,将信息公开的范围从财政收支信息扩展到政策目标与宏观经济假设等非财务信息方面,公开审计信息。④阶段性目标Ⅳ则主要是对阶段性目标Ⅲ作进一步的深化和拓展:将所公开的财政收支信息从显性收支扩展到隐性收支并公开政府资产方面的存量信息;公开预算绩效指标及其结果方面的信息;公开有关针对审计建议所采取的补救措施等信息。

关键词： 财政信息公开　阶段性目标　聚类分析

---

* 本研究是教育部人文社科研究项目"我国财政信息公开的阶段性目标及其实现途径问题研究"(项目号:10YJC790012)的阶段性研究成果。曾军平、尹嘉玮与杨玥为报告的执笔人。岳玮、杜润、叶浩靓、顾玉洁与孟国良共同参与了报告的讨论与研究。

** 作者简介:曾军平,上海财经大学公共经济与管理学院副教授;尹嘉玮,上海财经大学公共经济与管理学院本科生;杨玥,上海财经大学公共经济与管理学院本科生。

一、导　言

由于涉及的是政府结构、财政收支、财政政策及其绩效等信息的"共同性"与"可理解性",财政信息的公开对于国家治理体系与治理能力的现代化具有重要的意义。一方面,在国家治理体系的现代化建设层面,由于将财政工作置于广泛的监督之下,财政信息公开可以减少腐败,控制伪造账目问题,强化政府的公共受托责任,并提升政府的公信力抑或社会公众对于政府的信赖度。另一方面,在国家治理能力的现代化方面,财政透明可以增进人们对于市场的可信度,提升政府从国际资本市场进行融资的能力。同时,政府信息公开增强了人们对于未来的可预见性,这有利于财政风险的防范、宏观经济的稳定以及高质量经济增长的维系。鉴于此,作为政府治理变革的核心要件,人们往往将财政透明度建设视为现代政府变革——从无限的、人治的、集权的管理型政府向有限的、法治的民主的服务型政府转变——的突破口。在我国,中共十八届三中全会所通过的政治报告就将透明预算作为国家治理体系与治理能力现代化建设的重要抓手之一:财政是国家治理的基础和重要支柱,国家治理体系与治理能力的现代化需要建立现代财政制度,而财政预算透明则是现代财政制度建设的基本要件。

当然,强调财政信息公开的价值和意义并提出实现预算透明的改革任务问题,这并不等于我们在顷刻之间就要实现我国财政的彻底透明。一方面,在信息的"生产"方面,高质量的财政信息"生产"需要财务、会计、审计与统计等方方面面的制度支撑,但相关的基础性条件不可能在短时间内完成。另一方面,在财政信息的"提供"方面,提高财政透明度绝不仅是一个简单地将财政信息公之于众的问题,而且是一个触及行政管理模式变革和国家权力实现方式转变的大问题。在此情况下,财政透明度的建设就需要考虑信息公开制度与现有政治经济框架、意识观念以及其他支持系统的有机兼容,需要考虑影响和制约财政信息公开的相关社会条件。实际上,也正是受到制度与技术等方面因素的限制,即便是发达国家,其财政透明度的建设也都是一个渐进的历史过程。比如新西兰,其财政信息公开体系获得了国际社会的高度评价,并对其他国家产生了较大的影响,但其财政信息公开规则体系的形成也历时近十年,并在进一步的规范和完善当中。而在美国,从 1946 年的《联邦行政程序法》到 1996 年的《电子信息自由法》,信息公开的法律框架的建立也经历了一个漫长而不断完善的过程。

然而,尽管渐进推进财政信息公开具有客观的必然性,但诸多研究财政透明度建设的文献在很大程度上将此完全忽视了。一方面,在公共财政视角的"财政信息该如何公开"的问题上,自 21 世纪初以来,受西方新公共管理运动思潮的推动和影响,国内有许多研究探讨了我国财政透明度的建设问题。但不管是"公开什么"的问题还是"如何公开"的问题,已有的研究大多是直接以信息公开的良好做法(主要是 IMF 与 OECD 所编制的《财政透明度手册》与《预算透明度最佳行为准则》)为导向的。另一方面,在公共选择视角的"如何才能促进财政信息有效公开"的问题上,尽管学界围绕着财政信息公开的法律建设、阳光意识的培养、财政决策民主化建设与财政信息公开的绩效考核等问题作了大量的探讨。但在考虑财政信息公开的制度建设时,与公共财政视角的研究具有相似性,相关的研究同样是以财政透明度的良好做法为导向的:它们所关注的是,如何通过制度建设,以促使财政信息的占有者能够有效地将它们公开,它们同样忽视了渐进推进财政信息公开的历史必然性。

当然,指出已有文献的问题,只是意味着相关的研究没有就财政信息公开给出具体的渐进改革方案,而并不否定它们包含有渐进推进我国财政信息公开的思想。实际上,鉴于目前我国全面公开财政收支信息存在着相关法规不配套、行政管理基本制度与财政信息公开存在较大矛盾、公众对财政公开思想认识过于混乱以及财政信息质量欠佳等方面的困难,有学者明确强调:我国应在逐步创造条件的基础上循序渐进地提高财政透明度。与此相似但又略有不同,综合对中国历史、文化、现实经济与社会矛盾等多方面因素的考虑,还有一些研究认为逐步提升预算透明度,促进现代意义上的公共预算和民主财政的形成,倒是一条可行的社会成本较低的改良道路。然而,尽管如此,在讨论财政信息公开的具体思路时,相关研究并没有就我国财政透明度的建设任务作阶段性分解,这使得相关建设方案依旧是直接以良好做法为导向的。

鉴于问题的重要性,当然,也是出于已有理论研究局限性的考虑,本研究将从渐进改革的视角来探索我国财政信息公开的阶段性目标:我国的财政透明度究竟要分几步走?每一阶段的主要任务及其基本特征究竟是什么?从现实价值的角度看,在理论上,若能将财政透明度建设的终极目标分解为若干个可操作的阶段性目标,这至少有两方面的意义:一方面,从财政透明度的长期建设来看,受实现透明度建设一般规律以及我国现实困境的限制,若能将财政透明的终极目标分为一个个可操作的阶段性目标,这在一定程度上能够减少透明度实施的难度,为实现财政透明指出一条可行的路径。在这一方面,我国从传统计划经济向社会主义市场经济的转型提供了很好的例子。改革开放以来,我国之所以能够成功地闯出一条走向市场经济的道路,这与阶段性改革的策略——从20世纪80年代初的"计划经济为主,市场调节为辅",到中共十二届三中全会(1984年10月)的"有计划的商品经济",再到中共十三大(1987年)的"计划与市场内在统一的体制",直至中共十四大所确定的"建立社会主义市场经济体制"——是分不开的。另一方面,从财政信息公开的短期操作来看,财政信息公开是个体权利的一部分,并成为其他权利的基础:政府有责任就其行为向议会或人民作出合理的说明和解释。在社会公众有关财政信息全面公开的需求在短期内不能得到充分满足的情况下,明确提出透明度建设的阶段性目标,这在一定程度上能增加社会对于财政透明的预期,缓解短期内因需求得不到充分满足而引致的社会紧张,并提升社会对于财政信息公开战略与政策抉择的认可度。

二、研究设计

在直观意义上,确定财政透明度的阶段性目标,就是要将透明度建设的整体任务作阶段性分解。因此,作为研究的一部分并成为进一步研究的基础,我们首先需要明确财政透明度建设的整体任务,并确定将任务进行分解的方法。

(一)财政透明度建设的整体任务

财政透明是历史潮流,是一种不可抗拒的自然趋势:在终极意义上,各个国家都应以财政透明的良好做法作为基本的目标取向。因此,从整体上看,我国财政透明度建设应该以良好做法的实现为其基本任务。至于财政透明良好做法的基本状况,为了推进财政透明度建设,IMF、OECD 与 IBP 等组织均给出了各自的透明度标准或透明度的评估体系。在本研究中,我们所设定的规范目标是 IBP"预算公开调查"项目(The open budget survey)所使用的透明度评价标准。之所以如此,有两方面的原因:一是规范本身的权威性与合理性。IBP 所给出的评估体系得到全球的公认,其涉及的内容与 IMF 和 OECD 所给出的良好做法标准大同小异。二是分析数据的可获得性及其可靠性。基于透明度的规范评估体系,自 2006 年伊始,IBP 在世界范围内进行了独立(向独立于政府与政党的研究者进行调查)且可比较的预算透明调查,每两年一次,至今共有四次(2006 年、2008 年、2010 年和 2012 年),各次所评估的国家数分别为 59 个、85 个、94 个和 100 个。对于透明度评估的结果,IBP 都免费对外开放且均以数据的形式呈现:IBP 把各项指标财政信息的披露程度分为完全符合标准、基本符合标准、不太符合标准、完全不符合标准和不适用五个类别,并分别以 100、67、33、0 与 −1 来进行赋值。数据的存在为本研究提供了可能。[1] 特别地,基于各国研究者与负责填完问卷的两位同行评论员对问题回答的一致性程度,IBP 还编制了"一致性得分"。结果表明:绝大多数受调查的研究者与同行评论员对于问题的回答具有高度的一致性,这说明该项目评估的数据是有质量保证的。与 IBP 的评估体系不同,IMF 和 OECD 所给出的良好守则尽管也具有其权威性和合理性,但我们没有掌握以此作为判准的系统的评估数据:如果基于此类规范来研究我国财政信息公开的阶段性目标,我们就会面临数据不足而无法深入分析的问题。

在组成上,"预算公开调查"项目评估体系共涉及 125 个问题。这 125 个问题包含了"预算公开指数"(Open Budget Index)与"监督问题"(Oversight Question)这两个维度的内容。其中,"预算公开指数"是评估公众获得预算信息情况的与预算公开相关的指标,包含 95 个问题;而"监管问题"所涉及的是有关公众参与预算机会和政府重点监督机构让执行者负担公信力方面的话题,所涉及的问题为 27 个[2]。在进行透明度评估时,由于单纯的预算监管并不属于财政透明的规范范围,IBP 最后是基于"预算公开指数"所涉及的 95 个问题来进行透明度评估的。与此相一致,本研究也就以这 95 个问题所对应的透明度规范作为我国财政信息公开的整体目标。当然,自 2008 年以来,受《中华人民共和国政府信息公开条例》等方面的推动和影响,对于这 95 个透明度指标,我国有部分已经达到要求。然而,为了保持规范体系的完整性并考虑到我国达到规范标准的指标并不多[3],本研究并未将已达标的指标排除在信息公开的规范体系之外。

至于"预算公开指数"所考察的内容,作为一个国际性的评估标准,IBP 评估体系所涉及的内容还是非常全面的。它不仅考察了基本的财政收支信息(支出按行政单位、功能、

---

[1] IBP 透明度评估项目的相关资料都来自 http://survey.internationalbudget.org。
[2] 另外还有 3 个问题(分别为 Q65、Q72 和 Q113),IBP 在性质上没有对它们进行归类。
[3] 根据得分的高低,IBP 将国家分为五种类型:提供广泛信息的国家(80~100 分)、提供大量信息的国家(61~80 分)、提供部分信息的国家(41~60 分)、提供少量信息的国家(21~40 分)与提供极少量信息或根本不提供信息的国家(0~20 分)。在最近三年的评估中,我国一直属于提供极少信息或根本不提供信息的国家(第五类):三次评估的百分制得分分别仅为 14 分、13 分和 11 分。

经济性质与项目分类的信息,税收与非税收入按来源的信息,债务类型和利息支付信息),同时也考察了特殊的财政收支信息(如政府间转移支付、对公共企业的资金转移、捐赠、预算外收支、专项基金、准财政活动、政府所持有的金融资产和非金融资产、待付款、或有负债与税式支出)。而为了便于年度比较并维持财政的稳健性,预算公开指数同时还就所评估的信息范围作纵向的年度扩展:要求公开以前年度的收支信息(实际的和预测的)、对于未来财政年度预算收支的预测信息(总规模及其详细信息)以及进一步的由多年信息组合在一起的综合信息(如年度比较信息)。另外,由于财政信息公开的重要目的在于监督和评估,公开相关的非财务信息也是非常重要的,预算公开指数也对相关信息的公开提出了要求,所涉及的信息有决策依据信息(如作为预算规划基础的宏观经济预测信息与政策目标)和结果评估信息(主要是预算绩效指标及其相关信息)等方面。

(二)确定阶段性目标的理论方法

对于给定的透明度的规范体系,究竟哪些方面先实现透明,哪些可以稍微滞后,这显然要考虑各指标实现透明的难易程度。而各指标得以实现透明的难易水平,正如试卷中各题的难易程度可以近似地用考试后各题的得分情况来作出评估和度量那样(整体得分较高的题相对容易,而得分较低的题则相对较难),我们可以用"预算公开指数"各问题的评估得分来就相关指标实现透明的难易程度作出近似的度量。进而,对于"预算公开指数"所涉各指标实现透明的先后次序,我们可以基于IBP的透明度评估结果来加以确定:整体评分较高的指标可以考虑作为优先的建设目标,反之则相反。当然,"预算公开指数"所涉及的指标比较多,而各指标的得分往往不同,如果只是基于各指标的平均得分来作简单的排序,那95个指标可能就有95个阶段性目标,这样就存在阶段性目标过多的问题。因此,要恰当地就阶段性目标作出确定,我们还需要对简单排序法作一定的改进和提升。

为了克服简单排序方法所存在的方法论缺陷,本研究采用多元统计分析中的聚类分析方法(它又被称为"群分析")来探索我国财政信息公开的阶段性目标:先根据各指标的得分状况就95个指标进行聚类和分组。然后,根据组的得分水平来就相关指标得以实现的先后次序作出排序并确定财政信息公开的阶段性目标。作为基于样品和(或)指标的"距离"的远近来对整体样品和(或)指标进行分类的方法,聚类方法是基于"物以类聚、人以群分"的逻辑理路之上的。因此,对于各指标,当我们基于评估得分来就它们作聚类分析时,得分差异不大、实现透明难度相当的指标会聚为一组,而得分差异大、实现难易有明显差别的指标则会分到不同的组。进而,对于分组的结果,如果某组所涉指标的得分比较高,这意味着它们实现透明相对比较容易,是首先应该实现的阶段性目标;反之,则是排在后面的阶段性目标。应该说,关于确定阶段性目标的聚类分析方法,由于它将阶段性目标与指标组而不是单一的指标联系在一起,简单排序方法所存在的阶段性目标过多的问题就能得以避免:通过组数的限定,我们可以将阶段性目标的个数控制在一个合理的范围之内。但与此同时,聚类分析又是基于指标的得分高低来进行指标聚类和组别排序的,该方法其实又是以得分排序法为基础的。

至于方法的具体运用,在操作层面,聚类分析方法是基于"距离"的远近来就各指标进行分组的,而数学上的"距离"定义又多种多样。因此,就指标之间的"距离"作出恰当定义是聚类分析方法运用过程中所要解决的关键问题。这涉及两方面的内容：一是连接各类指标的"距离"形式：是欧氏(Euclidean)距离、明氏(Minkowski)距离、切比雪夫(Chebychev)距离还是马氏(Mahalanobi)距离？关于这一问题，我们这里选取了欧氏距离。因为该距离与我们习惯用的距离概念很一致，使用最多，效果也较好，基本能体现算法的性能。二是类的表示亦即类与类之间的距离定义：如果类的指标只有一个，那该指标就代表这一类。问题是，在聚类过程中，各类指标往往是多元的，那此时的类又应如何来表示呢？究竟以什么样的点——指标集的中点、重心、最近点还是最远点——来定义该类？对此，与不同的处理方式相对应，理论上有最短距离法、最远距离法、中间距离法、重心距离法与Ward法等多种不同的方法。对于最短距离法与最远距离法，它们以单个的点来定义类，这有局限。对于中间距离法和重心法，它们考虑到类中点的综合信息，这有相对的合理性，但依旧存在一定的问题。比如重心法，尽管用重心代表一个物体有其合理性，但重心法并不代表类的一切特征。相比而言，Ward的离差平方和方法较为综合地考虑了类中各指标的性质，本研究采用该方法来定义相关的类及类与类之间的距离。

在"距离"得以定义之后，理论上可以采用系统聚类与K均值聚类两种不同的方法来作分析。但K均值聚类方法要求我们事先能确定聚类的类数，而在本研究中，由于我们无法就合理的类数（即财政透明度阶段性目标的个数）作出事先的判断，K均值聚类方法不太好操作，本研究舍弃K均值聚类法而选择系统聚类法。当然，与一般的聚类分析直接以各样品和(或)指标的相关数据来作出分析不同，在就"预算公开指数"各指标作聚类分析之前，我们首先按从小到大的顺序对透明度各指标的得分数据进行排序，然后基于排序后的数据来作分析。之所以如此，是因为：对于给定的两个透明度指标(令其为A和B)，如果它们的情况分别为A(100,0)和B(0,100)，按照一般的聚类分析方法(不就得分数据进行排序)，这两个指标之间的"距离"会很大，它们会分到不同的组并属于不同的阶段性目标。但实际上，就这里所分析的问题来说，由于其得分分布完全相同，这两个指标其实是完全重合的，应该属于同一个阶段性目标。现在，一旦就原始数据作了排序，那我们就可以最大程度地避免因得分随机性而引致的聚类偏差。①

聚类分析方法的应用，一方面是"距离"的定义及其有关的具体方法的选择，另一方面则是聚类数的判断和确定：对于给定的指标，究竟分几类比较合适？由于不能事先确定阶段性目标的个数，我们首先利用SPSS软件与IBP所公开的五组评估数据(2006年、2008年、2010年、2012年以及这四年的综合数据)就"预算公开指数"各指标的聚类问题作探索性的分析(此时不确定具体的分类数)。从SPSS所输出的聚类谱系图可以看出，各组数据都支持两分类、三分类和四分类。至于其他分更多类数的情况，对于2006年、2008年和2010年的数据，直观上它们也都支持五分类，但2012年的数据与四年的综合数据都不支持五分类法，它们所支持的更进一步的分类数分别为七类和六类。考虑到不同的数据组所支持的分类数存在一定的差异，而组数分得太多也没有必要，为可靠性起见，本研究只关注有限的且各组数据都支持的分类数：只考虑分四类、三类和两类这三种分类情况。

---

① 考虑到我国的财政透明度建设同样是世界透明度进程的一部分，在聚类分析中，我们并没有将我国的相关数据剔除掉而是将其与其他国家的数据混合在一起来分析。

基于三种可能的分组类型，我们首先在分四类的假设前提下就IBP的95个透明指标作了聚类分析。表1给出了五组数据分别分四类所得到的聚类结果以及通过求众数而得到的最终的分类结果。至于分三类与两类的情况，聚类结果显示：其一，分三类的结果与分四类的结果没有根本的差异，唯一的不同就在于此时会将四分类法中的第一类和第二类合并成一类（即三分类法中的第一类），而四分类法中的第三类和第四类则相应地成为三分类法的第二类和第三类。其二，如果分两类，其结果则是进一步将三分类法中的第二类和第三类合并成一类，而三分类法中的第一类则保持不变。① 鉴于三种分类结果所存在的层级关系，本研究所选择的分类数（即阶段性目标的个数）为4。因为在四分类结果及其阶段性目标得以确定以后，三分类和两分类的结果及其相应的阶段性目标可以通过对四阶段性目标的简单综合而得到。相反，如果选择三分类或两分类，由于存在信息的综合，这比较容易把本应该区分开来的某些重要的结构性信息给抹掉。

表1　　　　　　　　　　　IBP"预算公开指数"的四分类情况

指标(问题)	2006	2008	2010	2012	四年综合	求众数	平均分	指标(问题)	2006	2008	2010	2012	四年综合	求众数	平均分
Q1	1	1	1	1	1	1	74.6	Q37	3	3	3	3	3	3	41.1
Q2	2	1	1	1	1	1	61.0	Q44	3	3	3	3	3	3	34.4
Q3	1	1	1	1	1	1	65.1	Q46	3	3	3	3	3	3	40.3
Q4	2	1	1	1	1	1	62.0	Q48	3	3	3	3	3	3	45.5
Q7	1	1	1	1	1	1	74.3	Q55	3	3	3	3	3	3	40.6
Q8	1	1	1	1	1	1	72.2	Q60	3	3	3	3	3	3	36.3
Q12	1	1	1	1	1	1	74.5	Q61	4	3	3	3	3	3	31.0
Q27	1	1	1	1	1	1	66.5	Q62	4	3	3	3	3	3	29.3
Q56	1	1	1	1	1	1	72.3	Q71	3	3	3	3	3	3	41.3
Q63	1	1	1	1	1	1	62.6	Q78	4	3	3	3	3	3	32.1
Q64	1	1	1	1	1	1	63.9	Q79	3	3	3	3	3	3	43.5
Q67	1	1	1	1	1	1	64.2	Q80	3	3	3	3	3	3	41.6
Q68	1	1	1	1	1	1	68.6	Q81	3	3	3	3	3	3	45.7
Q70	2	2	1	1	1	1	57.4	Q87	3	3	3	3	3	3	44.1
Q77	1	1	1	1	1	1	66.7	Q88	3	2	3	3	2	3	49.4
Q101	1	1	1	1	1	1	73.3	Q91	4	3	3	3	3	3	32.6
Q5	2	2	2	2	2	2	49.8	Q96	3	3	3	3	3	3	32.8
Q9	2	2	2	2	2	2	47.2	Q15	4	4	4	4	4	4	17.5
Q11	2	2	2	2	2	2	53.5	Q38	4	4	4	4	4	4	12.6
Q14	3	2	2	2	2	2	55.4	Q39	4	4	4	4	4	4	17.6
Q18	2	2	1	1	2	2	61.5	Q40	4	4	4	4	4	4	10.6
Q19	2	2	2	2	2	2	49.9	Q41	4	4	4	4	4	4	10.0

① 唯一的例外是Q88。在四分类法与三分类法中，它分别属于第三组和第二组，按上述规律，在两分类法中，它应该属于第二组，但此时的聚类结果则是它归属第一组。

续表

指标(问题)	2006	2008	2010	2012	四年综合	求众数	平均分	指标(问题)	2006	2008	2010	2012	四年综合	求众数	平均分
Q20	2	2	2	1	2	2	58.0	Q42	4	4	4	4	4	4	24.6
Q22	2	2	2	2	2	2	53.0	Q43	4	4	4	4	4	4	20.2
Q23	2	2	2	1	2	2	59.3	Q45	4	4	4	4	4	4	22.2
Q25	2	2	2	2	2	2	56.5	Q47	4	4	4	3	3	4	26.6
Q26	2	2	2	1	2	2	56.5	Q49	4	3	4	4	4	4	29.5
Q28	2	2	1	1	2	2	62.1	Q50	4	3	4	4	4	4	32.7
Q29	2	2	2	1	2	2	58.5	Q51	4	4	4	4	4	4	24.2
Q30	2	2	2	1	2	2	59.6	Q52	4	4	4	4	4	4	27.4
Q31	2	2	2	2	2	2	50.2	Q53	4	4	4	4	4	4	21.6
Q32	2	2	2	1	2	2	57.8	Q54	4	4	4	4	4	4	24.4
Q34	2	2	2	2	2	2	55.1	Q73	4	4	4	4	4	4	22.3
Q36	3	2	2	2	2	2	51.9	Q74	4	4	4	4	4	4	18.6
Q57	3	2	2	2	2	2	54.5	Q75	4	4	4	4	4	4	15.3
Q58	3	2	2	2	2	2	49.4	Q76	4	4	4	4	4	4	19.0
Q66	2	2	2	2	2	2	54.1	Q82	4	4	4	4	4	4	25.0
Q69	2	2	1	1	2	2	60.6	Q83	4	4	4	4	4	4	18.7
Q89	2	2	2	2	2	2	49.4	Q84	4	4	4	4	4	4	13.8
Q6	3	3	3	3	3	3	34.2	Q85	4	4	4	4	4	4	18.6
Q10	3	3	3	3	3	3	35.4	Q86	4	4	4	4	4	4	24.4
Q13	3	3	3	3	3	3	38.8	Q95	4	4	4	4	4	4	13.5
Q16	3	3	3	3	3	3	36.3	Q108	4	4	4	4	4	4	22.2
Q17	3	3	3	3	3	3	36.9	Q109	4	4	4	4	4	4	15.8
Q21	3	3	3	3	3	3	43.2	Q110	4	4	4	4	4	4	4.4
Q24	3	3	3	3	3	3	38.1	Q111	4	4	4	4	4	4	1.5
Q33	3	3	3	3	3	3	45.4	Q112	4	4	4	4	4	4	2.3
Q35	3	3	3	3	3	3	35.9								

三、研究结论

表1所给出的最终分类结果表明,四类指标对应四个得分区间:第一类指标(共16个)的平均得分在57.4~74.6分,而第二、三、四类所涉及的相关指标(其个数分别为23个、26个和30个)的得分区间则分别处在49.4~62.1分、29.3~49.4分以及1.5~32.7分。四类指标的得分区间尽管有些重合,但它们整体上是按从高到低来进行排序的。因此,可以认为:四组指标其实依次对应着财政信息公开的四个阶段性目标。至于各阶段性目标的具体内容,我们可以基于各类指标所涉及的问题来作具体的表述。

(一)阶段性目标Ⅰ:实现财政基本信息的公开

表1的第一类指标共涉及16个透明度问题。从这16个问题所涉及的财政信息公开

要求来看,在财政信息公开的内容方面,该阶段所要实现的目标主要是做到预算年度内政府基本财务数据的透明与公开。其中,关于政府基本财务信息公开的范围,具体包括:①支出方面的支出按行政单位、按功能、按经济性质与按项目分类的信息(Q1—Q4);②收入方面的税收与非税收入分别按来源列示的信息(Q7—Q8);③债务方面的债务利息支出信息(Q12)。当然,在第一组的 16 个问题中,也有指标牵涉到以前预算年度相关财政信息的公开问题(如 Q27 所涉及的是"前一预算年度税收收入按来源列示的信息"),但公开以前预算年度的信息并不是阶段性目标Ⅰ所要建设的重点。因为以前预算年度财政信息公开的相关问题主要集中在第二组和第三组当中,是阶段性目标Ⅱ和Ⅲ所要完成的任务。

除了信息本身的可获得性之外,阶段性目标Ⅰ也有对于财政收支信息及相关文本得以公开的形式性诉求,包含三方面的内容:①保证财政信息和(或)预算文本公开的及时性:在预算编制时,尽量提前告知预算案被公开的时间(Q56);在预算执行过程中,年内报告及时将预算年度内的实际支出(支出按行政单位、功能与经济信息分类)、实际收入(税收收入与非税收入分别按来源分类)与实际借款情况向公众公开(Q63、Q67 与 Q70);在预算年度结束后,及时公开讨论预算实际运作结果的年终报告(Q77)。②保证财政信息公开的全面性:年内报告所公开的财政支出(按行政单位、功能或经济性质分类)与收入应涵盖政府收支的全部内容(Q64 与 Q68)。③保证信息公开的详细性:经过立法机关批准的支出预算拨款应足够详细,信息应明确到各项目(Q101)。但是,对于上述三方面的形式要求,它们绝大部分也都是有关基本财政信息方面的。因此,可以认为:阶段性目标Ⅰ的主要任务是实现财政基本信息的公开,并充分考虑信息公开的及时性、全面性与详细性。

当然,对于阶段性目标Ⅰ所涉及的信息公开要求,受加入 IMF 所发布的特殊数据发布系统(Special Data Dissemination System,SDDS)的影响(为了保证各国信息公开的及时性与频率,IMF 于 1996 年制定了 SDDS 并向成员国提供,我国于 2002 年加入了 SDDS),有关形式方面的尤其是预算公开及时性与全面性方面的要求,其中一部分我国其实已经达到或基本达到。在此方面,IBP 的评估结果就表明:在第一组有关财政信息公开形式规范要求的 8 个问题中[①],信息公开及时性和全面性方面的问题占到 7 个。对于这 7 个问题,在 IBP 最近的三次评估中,我国得分为 100 分和 67 分的项次均为 8 次,共计 16 次(全部为 21 次),平均得分为 63.6 分,已部分达到透明度的规范要求。但考虑到相关的形式要求在整体上并未得到彻底满足,它们同样是需要进一步去实现的目标,这里并未将它们排除在规范目标体系之外。

(二)阶段性目标Ⅱ:纵向拓展信息公开的内容

IMF(2001)强调:应提供与年度预算信息可比的前两个财政年度的预算执行结果以及对后两年主要预算总量的预测,以使得人们可以对近来的业绩与预算进行评估与比较,并引起人们对重大预测、政策或宏观经济风险的注意。与此透明度要求相一致,财政信息公开的阶段性目标Ⅱ要求从纵向角度就阶段性目标Ⅰ所涉及的财政基本信息作年度上的扩展,并将此阶段财政透明度建设的重点放在其上(由表 1 中第二组的 23 个问题来体现):一

---

① 在第一组的 16 个问题中,关于信息公开内容和公开形式的问题各为 8 个。

方面,在信息公开的内容方面,公开就多年期财政收支总规模进行估计的信息(Q5与Q9);公开上一年度的财政基本信息,包括支出按行政单位、功能与经济分类的信息(Q18—Q20)以及税收与非税收入分别按来源分类的信息(Q27与Q28);①公开对前一预算年度收支总水平与收入详细情况所作的估计信息(Q23、Q30与Q31)以及年内报告就实际收支同期初对收支的估计或以往同期水平进行比较的信息(Q66与Q69)。另一方面,受信息公开范围拓展的影响,信息公开的形式也需要相应地拓展,包括相关信息的可靠性(如对上一预算年度的收支估计能反映实际收支的月份数,Q22与Q29)、可比性(对以前预算年度支出的预测与本年度支出的可比性,Q26)与有效性(以前预算年度的支出、收入与债务数字,完全反映实际的最近年份,Q25、Q32与Q34)。

当然,除了纵向的年度扩展之外,在第二组的23个指标中,也有指标试图从横向的角度来拓展第一阶段的信息公开范围,包括:①未偿还债务信息(Q11)与政府间转移支信息(Q36)的公开;②作为预算规划基础的宏观经济预测信息(Q14)与包含在年终审计报告之中的行政总结(Q89)的公开;③及时向公众公开预算提案形成的时间表并按照时间表来准备和公开预算(Q57与Q58)。但是,尽管如此,我们依旧可以将阶段性目标Ⅱ界定在纵向拓展财政信息公开的范围方面。因为IBP的评估结果表明,对于横向拓展的部分问题(Q57与Q58),因加入GDDS等方面的原因,我国在2012年其实已经基本达到了IBP所设定的规范要求。撇开Q57和Q58所对应的透明度问题,在第二组指标所剩下的21个问题中,与年度纵向扩展有关的指标高达18个,其占比高达85.7%:纵向拓展信息公开范围是阶段性目标Ⅱ的建设重点。至于第二组指标所涉及的横向拓展方面的问题,正如接下来的分析所表明的,它们更多的是以后阶段性目标尤其是阶段性目标Ⅲ所要重点建设的任务。

(三)阶段性目标Ⅲ:横向拓展信息公开的范围

从表1中第三组指标所涉及的26个问题来看,阶段性目标Ⅲ涉及对阶段性目标Ⅱ的延续和深化:公开对多年期预算收支水平所作估计的详细信息(Q6与Q10)、公开前一年度的项目支出与政府负债(Q21与Q33)以及对以前预算年度(两年及以上)总支出水平进行估计的详细信息(Q24),等等。但从整体上看,此阶段财政透明度建设的核心任务和目标应该是横向拓展财政信息公开的范围。具体涉及三方面的内容:一是从基本财政信息公开向特殊财政信息公开拓展。此阶段的透明度建设不仅要公开预算年度内政府债务结构(Q13)与年内实际借款组成(Q71)等基本财政信息,同时还要实现预算外资金信息(Q35)、对公共企业的资金转移信息(Q37)、捐赠(实物的和现金的)按来源的信息(Q44)与基金收入信息(Q46)等特殊财务信息类型。二是从财务信息向政策、宏观经济框架与解释说明等非财务信息公开拓展。IMF(2001)指出:应该在全面、一致和量化的宏观经济框架内编制和表达年度预算,并应提供预算的主要假设;应该在年度报告中指出政府年度预算如何与政府关于自身或公共部门财政的更广泛的目标相联系。从聚类的情况看,IMF的上述规范要求主要是由阶段性目标Ⅲ来完成的。与此相关的财政透明度建设内容有:①公开政府的"宏观经济——财政"框架(Q61)、对政府政策与优先事项的描述(Q62)、让

---

① 在表1中,Q27(前一预算年度税收收入按来源的信息)属于第一组。但考虑到税收按来源的信息与非税收入按来源的信息在性质上并无根本差异,我们这里作了细微的调整。

全国最贫困人口直接受益的政策(提案与已有承诺,Q55);②公开政策方案调整如何影响预算(收入和支出)的信息(Q16—Q17)、预算如何与政府所宣称的政策目标相关联的解释(Q48)以及就收支实际规模偏离事先预计规模所作的解释(包括解释的详细性,Q79—Q81)。三是从预算信息公开向审计信息公开的拓展。这方面包括年终报告对实际结果进行审计的信息(Q78)、对预算外资金的审计结果(Q91)以及有关安全部门(军队、警察与情报机构)和其他秘密项目的年度审计报告(向立法机构或相关委员会公开,Q96)等信息与文本的公开。

在第三组的26个问题中,除了信息公开内容方面的问题之外,也有与财政信息公开形式有关的问题,包括:①及时性意义上的:及时向公众发布预算前报告(Q60)与及时公开被审计的部门支出及其审计结果(Q87);②完整性意义上的:财年结束两年以后被审计的支出(包含在审计报告中)所公开的比例(Q88)。但是,考虑到上述形式问题大多与审计有关,而审计信息的公开又是第三阶段信息公开内容拓展的重要组成部分,进而我们可以将公开形式方面的指标与前面有关公开内容的指标综合起来,即认为阶段性目标Ⅲ的主要任务是从横向角度来拓展财政信息公开的范围:在对阶段目标Ⅱ进行拓展和深化的基础上,从特殊财政信息的公开、政策等非财务信息的公开与审计结果的公开等方面对前面两个阶段所涉及的财政基本信息作横向的拓展。当然,对于横向拓展的问题,受自1999年以来的审计风暴及其他制度建设的影响,在有些方面(主要是Q78—Q81、Q87、Q88、Q91和Q96方面的问题)我们已经取得了一些成就。但是,相关问题在IBP评估中的得分水平都还比较低,大多为33分,各方面的透明度建设还有很大的提升空间,将它们纳入财政信息公开的阶段性目标体系有其合理性和必要性。

(四)阶段性目标Ⅳ:财政信息公开向纵深拓展

从表1中第四组指标所包含的30个问题来看,财政透明度建设阶段性目标Ⅳ的主要任务是纵深拓展财政信息公开的范围:

其一,在财务信息的公开方面,从显性收支的公开拓展到隐性收支的公开以及从流量信息的公开拓展至存量信息的公开。之前,透明度建设所涉及的财务信息,不管是基本信息还是特殊信息,都是显性的流量信息。与此不同,在第四个阶段,①在显性收支信息得以公开的基础上,作为透明度建设的纵深发展,财政隐性收支信息——准财政活动信息(Q38)、逾期未了结的支出信息(Q41)、与政府贷款担保等相关的或有负债信息(Q42)、与公民养老金等相关的政府远期债务信息(Q43)、税式支出信息(Q45)与年终报告所披露的预算外资金的实际水平信息(Q86)①——的公开将正式步入议程。与此同时,为保证预算透明度的水平,用于机密事务(国家安全与军事情报)的支出占预算支出的比重应控制在1%的范围之内(Q47)。②在公开流量信息的基础上,进一步公开政府所持有的资产(金融资产和非金融资产)信息(Q39与Q40)。

其二,在非财务信息的公开方面,从宏观经济框架与政策等决策依据信息的公开拓展到效果评价信息的公开。作为阶段性目标Ⅱ和Ⅲ的延续,阶段性目标Ⅳ依旧涉及决策依

---

① 由于预算外收支已经全部纳入预算内,可以将这一目标任务排除在阶段性目标之外。

据信息的公开,包括不同宏观假设对于预算(支出、收入和债务)的影响信息(Q15)、政府所宣称的多年期政策目标与预算的关联信息(Q49)以及支出项目的受益人数(包括其对于支出项目评估的有用性,Q50 与 Q51)。但是,作为前期透明度建设的发展,此阶段的特点是将非财务信息的公开延伸至效果评价信息方面,包括:①反映预算有效性的预算绩效信息的公开。传统财政管理强调财政的合规性,即财政收支是否符合制度规范。而对绩效信息的关注则正如 Wholey 与 Newcomer 所指出的,反映了公众对项目的有效性提出了要求。就这里所讨论的议题而言,与此相关的问题主要包括:支出项目绩效指标信息的公开(Q52)、保证绩效指标设计的合理性(以促进政策目标的实现为导向,Q53)并能将绩效指标与绩效目标联系在一起(Q54)。②反映预算准确性的指标变动信息。预算是得到国家权力机构批准的,具有法律效力。但预算的执行过程不可避免地会受到诸多随机因素的影响,预算又必然是变动的。进而,规范的财政透明度建设就需要对相关指标的变动给出合理解释,以保证预算变动本身的合法性。基于这一点,IBP 的评估框架设计了针对指标变动进行解释的问题,而相关问题大多归为第三组,包括两方面的内容:一方面,公开中期预算评论对预算批准以来宏观经济前景变化的讨论(Q73)及其所引致的对于预算年度内调整的收支估计信息(包括估计结果的详细性程度,Q74－Q76)。另一方面,公开年终报告对实际结果偏离初始宏观经济预测(Q82)、初始预测的非财务数据(Q83)、初始的绩效指标(Q84)以及旨在使最贫困人口直接受益的支出(Q85)进行解释的信息。

其三,关于其他透明度建设问题,主要涉及两方面的内容:一是针对审计意见所采取的补救措施与追踪行动的公开。审计报告的公开是阶段性目标Ⅲ所要完成的重点任务。然而,审计结论的公开并不意味着预算过程的结束:针对审计报告所提出的意见,行政部门应该做出回应并采取必要的补救措施。由于补救措施同样属于政府信息的一部分,它们也应向公众公开(Q95 与 Q108)。二是公民预算问题。对于前面所分析的方方面面的规范标准,它们大多类似于多边组织所制定的操作规范,比如 IMF 的《财政透明度良好实践准则》与联合国国际最高审计机构组织的《审计规则指导方针利马宣言》。但 IBP 认为:这些行动不足以确保预算编制对于公众承担责任并提供公信力。为此,IBP 添加了各国政府必须发布的第八大重点预算文件:《公民预算》。《公民预算》是一个非技术的易得版预算,目的在于增加公众对于政府税收和支出计划的了解。在 IBP 的评估框架中,与此相关的问题共有四个:应保证公民预算信息的详细性(Q109)、公民预算传递给公众的途径和方式的多样性(Q110)、充分考虑对公众的预算优先权(Q111)并将公民预算贯穿于预算全过程(Q112)。而在聚类分析中,由于各问题的平均得分都是最低的,同样属于第四个阶段所要实现的目标。

四、结语

本文研究的主要任务是对我国财政透明度的阶段性目标作出界定。研究表明:在财政信息公开的宏观战略上,我们可以遵循"财政基本信息公开—信息纵向拓展—信息横向拓展——信息纵深拓展"的思路,分四步来推进我国未来的财政透明度建设。当然,值得指出的是,尽管我们对 IBP"预算公开指数"的 95 个指标作出了排序,但这并不等于它们所对应的信息公开任务是存在严格先后排序的。毕竟,社会是多样化的,各个国家都应该根据其政治共同体具体的政治经济状况来选择其符合国情的改革路径。实际上,在我国,IBP的评估结果就表明:个别排在后面组别的透明度指标其实已经"提前"得以实现。从这个意义上来说,确定我国财政信息公开的阶段性目标,其意不在于提供绝对化的操作手册,而在于提供一个大致的方向性指南。基于这一指南,我们可以根据我国的客观实际情况来选择推进财政信息公开的具体路径。

至于各阶段性目标具体如何实现,尽管问题的分析已经明确了财政信息公开的基本思路,但这其中还有很多需要进一步选择的问题:除了对各指标进行某种策略性的应时调整之外,还存在各阶段性目标得以实现的时间进度该如何安排、各目标得以实现的先后间隔如何设定等方面的问题。正如地质考察中聚类分析方法的运用只能解决各岩层地质年代的先后次序而无法确定它们具体属于哪个年代那样,当我们采用聚类分析方法来研究财政透明度的阶段性目标时,我们所能解决的只是各指标得以实现的先后排序问题,而无法就各指标实现所需要的时间间隔来作出判断。操作上,由于时间间隔的设定涉及财政信息公开与其他政治经济制度变革的统筹协调问题,进程的具体安排需要宏观决策层根据我国政治经济变革的实际情况来加以统筹考虑并作某种相机处理。

在外在形态上,财政信息公开表现为财政信息的透明化。但是,由于牵涉到信息公开的质量,财政透明的真正实现应以财政管理的完善和规范为基本前提:没有日益规范的财政管理制度所提供的高质量的财政信息,就不可能有真正意义上的财政透明。实际上,自2008年以来,我国财政透明度建设之所以取得了一些进展,这与21世纪初以来的财政管理制度建设——收支分类改革与部门预算改革等——是分不开的;而目前我国的财政信息公开之所以还存在诸多问题,这也与预算等财政管理制度所存在的非规范性有关:有的信息之所以不透明,其实是政府部门本身也没有这方面的数据,或者相关的数据不规范,政府本身所掌握的数据无法为社会提供高质量的财政信息。因此,要按照阶段性目标来推进我国的财政透明度建设,我们需要将财政信息公开进程与财政管理相关制度的改革和完善——会计制度改革、统计规范、政府财务制度建设、审计制度改革与财税制度的规范化、法制化——加以统筹考虑。特别地,由于相关的制度建设都需要一个过程而不可能一蹴而就,出于改革的连贯性的考虑,在考虑前一阶段性目标时,往往有必要为后面的阶段性目标的实现做一定的基础性工作。因此,从系统的角度来看,财政信息公开阶段性目标的实现也并不是"循序渐进"的(sequencing),而应该是带有樊纲和胡永泰所说的"平行推动"(parallel partial progression)的特点。

参考文献:

[1]Drabek Z, Payne W. The impact of transparency on foreign direct investment. WTO Staff Working Paper ERAD-99-02, Geneva: World Trade Organization, 2001.

[2]Gelos R G, Wei S J. Transparency and international investor behavior. NBER Working Paper No. 9260, 2002.

[3]Kopits G, Craig J. Transparency in government operations. IMF Occasional Paper, No. 158, Washington: International Monetary Fund, 1998.

[4]Milesi-Ferretti G M. Good，bad or ugly? On the effects of fiscal rules with creative accounting[J]. *Journal of Public Economics*，2004，88.

[5]Reinikka R，Svensson J. The power of information：evidence from a newspaper campaign to reduce capture.Policy Research Working Paper 3239，The World Bank，2003.

[6]白景明.提高财政透明度应循序渐进[J].人民论坛，2010(2).

[7]邓淑莲.中国省级政府财政信息公开的评估与分析[J].政治学研究，2012(5).

[8]樊纲,胡永泰."循序渐进"还是"平行推进"？——论体制转轨最优路径的理论与政策[J].经济研究，2005(1).

[9]方开泰,潘恩沛.聚类分析[M].北京:地质出版社，1982.

[10]葛永波,申亮.财政透明度衡量问题研究——一个分析框架[J].财政研究，2009(12).

[11]郭剑鸣.从预算公开走向政府清廉:反腐败制度建设的国际视野与启示[J].政治学研究，2011(2).

[12]国际货币基金组织(IMF).财政透明度[M].北京:人民出版社，2001.

[13]胡锦光,张献勇.预算公开的价值与进路[J].南开学报(哲学社会科学版)，2011(2).

[14]嵇明.推进财政信息公开的研究思考[J].财政研究，2011(5).

[15]卡恩.预算民主——美国的国家建设和公民权[M].上海:格致出版社，2008.

[16]李燕.财政信息公开亟待法制保障与约束[J].财政研究，2011(9).

[17]李燕.基于民主监督视角的预算透明度问题探析[J].中央财经大学学报，2007(12).

[18]刘笑霞,李建发.中国财政透明度问题研究[J].厦门大学学报(哲学社会科学版)，2008(6).

[19]王洛忠,李帆.我国政府预算公开的实践进展、现实差距和提升路径[J].中国行政管理，2013(10).

[20]魏陆.基于政府门户网站视角的中美预算公开信息比较与评价[J].当代财经，2012(1).

[21]肖鹏,李燕.预算透明:环境基础、动力机制与提升路径[J].财贸经济，2012(1).

[22]肖鹏.预算透明:机制与提升路径[J].财政研究，2010(12).

[23]曾军平.政府信息公开制度对财政透明度的影响及原因[J].财贸经济，2011(3).

[24]张平.我国财政透明度之现状、差距及其改进[J].经济与管理研究，2010(9).

[25]赵倩.财政信息公开与财政透明度:理念、规则与国际经验[J].财贸经济，2009(11).

PUBLIC GOVERNANCE 公共管理 REVIEW

基于省际差异的人口老龄化模式与养老保障发展指数研究[*]

边恕 纪绪勤 孙雅娜[**]

摘 要：本文从不同省份的人口年龄结构出发，以人口自然增长率、人口机械增长率、老年人口比重、老年人口抚养比、老年人口增长率五项指标为依据，利用聚类分析方法，将各地区人口老龄化状况归纳为高位静止、高位扩张、中位扩张、低位静止四种模式；同时依据养老保险待遇水平、养老保险覆盖率、养老保险资金可持续性、老年医疗保障四项指标，设计了养老保障发展指数，测度了各地区养老保障发展水平的差异；最后通过象限法对各地区人口老龄化程度与养老保障发展指数的关系进行了具体分析，得出了老龄化程度与养老保障发展指数呈一定负相关关系的结论，并提出相关建议。

关键词：人口年龄结构 人口老龄化 养老保障 指数 省际差异

一、问题的提出

当前中国从整体上正在步入老龄化社会，但各地区由于人口分布、流动及经济社会发展水平的差异，致使步入老龄化社会的速度、进程及模式都各有不同。一般认为，人口老龄化程度深、速度快的地区，在主观上对养老保障的需求就会增加，客观上就会使相应的养老保障指数提高。然而事实确实如此吗？本文基于此疑问，从各地区人口老龄化程度与养老保障发展指数的关系角度展开研究，以期为构建二者相互匹配的机制提供实证基础。

对人口老龄化的研究多是从人口年龄结构角度展开的。人口年龄结构是指在一定时点的，一定地区各年龄组人口分别占全部人口的比重，也称为人口年龄构成。根据老龄人口所占比例，可将人口构成分为三种类型：当老龄人口比重小于4％时，为年轻型；比重在

---

[*] 本文系教育部人文社科重点研究基地重大项目"养老保险城乡统筹政策优化研究——基于养老金与财政动态契合的视角"（项目号：14JJD630012）、国家自然科学基金项目"农村社会养老保险制度优化：基于养老金给付与财政补贴的动态契合视角"（项目号：71303101）、辽宁省社科基金项目"基于适度给付与财政补贴动态契合的辽宁'城乡保'制度优化研究"（项目号：L14BSH007）、辽宁省财政科研基金项目"基于人口老龄化态势的辽宁省财政应对策略研究"（项目号：15B014）的研究成果。

[**] 作者简介：边恕，经济学博士，辽宁大学人口研究所教授，博士生导师，武汉大学社会保障研究中心研究员，研究方向为劳动与社会保障；纪绪勤，辽宁大学人口研究所硕士生，研究方向为人口与社会保障；孙雅娜，经济学博士，辽宁大学新华国际商学院教授，研究方向为社会保障管理。

4%～7%时,为成年型;比重大于7%时,为老化型。人口老龄化由两方面因素构成:一方面是年龄金字塔底部的少儿人口增长减缓,从而形成底部老龄化;另一方面是年龄金字塔顶部老年人口增长加速,导致顶部老龄化。我国由于计划生育政策的执行和人口预期寿命的延长,从而受到底部和顶部老龄化的双重"夹击",使人口老龄化程度快速加深。

国内学界对人口年龄结构的研究多采用具体指标和数理方法,结合我国疆域辽阔和地区发展差异较大的现实特征,对各地区人口年龄结构的差异进行实证分析。由于选择的指标不同,因此研究侧重点也有差异。姚静对人口年龄结构的研究采用了出生率、死亡率及老年人口比例的指标;于蜀、陈扬乐认为采用老年人的年龄集中率和地理集中率指标可以分析地区间人口年龄结构差异;谭姝琳、贾向丹使用老年人口比例、老年抚养比、地区GDP占全国GDP比重三个指标对各省级行政区域进行了系统聚类,认为各地区可分为五种类型,并得出经济发展水平较高的地区人口老龄化程度也较高的结论;杨雪、王淇田利用老年人口抚养比和动态聚类分析方法,将各地区划分为四类,同时对典型省份的老龄化趋势进行了预测,得出轻度老龄化地区的人口老化速度加快等结论;孙蕾、谢越利用人口老龄化相关变量对各省级行政区域进行聚类分析并将经济变量与老少人口比进行主成分分析,认为部分发达地区的人口虽然快速增长但老龄化程度也在持续提高,同时人口流出严重的欠发达地区老龄化程度加剧。

养老保障是社会保障制度中的核心内容之一,也是发展较早且较为完善的领域。养老保障发展指数(Old-age Security Development Index,OSDI)是用来衡量一个地区养老保障发展水平的综合指标。它涵盖养老保险和老年福利两个子项目,与养老保障水平呈正向变动关系。该指数通过分析养老保障发展阶段、结构及水平的差异,可用于判断各地区养老保障制度建设的进程。

国内学界对养老保障水平进行过较多研究。王亚柯、王宾等利用替代率和养老金给付的相对指标对我国各种养老保险制度的发展水平进行了分析和比较,不仅对各种养老保险制度的待遇水平进行了排序,而且还发现收入水平与养老保险待遇差距之间存在正相关关系;王立剑、刘佳用主成分分析方法对各省级行政区域企业职工基本养老保险综合发展水平进行了测算,认为在企业职工的保障水平上存在明显的等级特征。杨燕绥、胡乃军从人口老龄化、老年赡养能力、养老保障、老年人口红利、老龄产业五个方面构建了老龄社会发展指数,并用该指数评价了中国老龄社会发展现状。

从前期成果可知,多数学者是将人口年龄结构、人口老龄化及养老保障发展水平分开来研究的,缺乏对人口老龄化程度、模式与养老保障发展水平的对照研究,而且也很少以省级区域为单位进行差异性分析。基于此,本文从不同地区的人口年龄结构出发,归纳出人口老龄化模式并与养老保障发展水平进行关联,分析二者的匹配关系并得出相应结论。

二、人口年龄结构区域差异及模式分析

(一)对不同地区人口年龄结构差异的聚类分析

对人口年龄结构的分析选取了2002—2012年人口自然增长率、人口机械增长率、老年人口比重、老年人口抚养比、老年人口增长率五个指标。其中,人口自然增长率衡量当

年地区人口出生死亡引起的人口数的变化,人口机械增长率衡量当年该地区人口迁移所引起的人口数的变化,老年人口比重是指各地区 65 岁及以上老年人口占当地人口的比重,老年抚养比是指各地区 65 岁及以上老年人口与劳动年龄人口之比,老年人口增长率在本文中是指各地区 2012 年比 2002 年老年人口比重增长的百分点。以下采用 Q 聚类分析下的 K-Means Cluster 分类法对区域人口年龄结构展开研究。经过 3 次迭代聚类完成聚类结果,在第三次迭代后形成的 4 个新类中心点距初始类中心点的欧氏距离都为 0,即中心点几乎与上次确定的中心点没有差别,此时迭代聚类结束。基于聚类分析的分组结果,可以将我国各地区人口老龄化状况分为四类模式:人口老龄化高位静止模式、人口老龄化高位扩张模式、人口老龄化中位扩张模式、人口老龄化低位静止模式。结果如表 1 所示。

表 1 迭代聚类分析结果及人口老龄化模式划分

迭代	聚类中心内的更迭			
	1	2	3	4
1	0.022	0.015	0.019	0.025
2	0.000	0.006	0.006	0.007
3	0.000	0.000	0.000	0.000
模式划分	高位静止模式	高位扩张模式	中位扩张模式	低位静止模式
包含地区	北京、天津、上海、浙江、江苏	重庆、贵州、安徽、四川、湖南	黑龙江、辽宁、河北、福建、江西、山东、河南、广西、湖北、陕西、甘肃	海南、山西、内蒙古、吉林、广东、云南、西藏、青海、宁夏、新疆

资料来源:根据《中国统计年鉴 2003》和《中国统计年鉴 2013》数据,采用 SPSS17.0 Q 聚类分析,选用 K-Means Cluster 分类法计算得出。

(二)人口老龄化模式的地区及特征

1. 高位静止模式的地区及特征

属于高位静止模式的有北京、天津、上海、浙江、江苏,都位于我国东部经济发达地区。人口年龄结构的基本特征是:老龄化起步早,老龄化程度高,外来迁入人口多,人口老龄化速度放缓,甚至出现老年人口数量的负增长。首先,老龄化起步早。上海早在 1982 年就进入了老年型社会,北京、天津、浙江、江苏则都于 2000 年前后进入老年型社会。其次,老龄化程度高。2012 年该类地区 65 岁及以上老年人口比重为 9.66%,位于四类地区的第二位,超出国际老龄化标准 2.66 个百分点。再次,老龄化速度放缓,甚至出现负增长。2002－2012 年间,北京、天津、上海、浙江的老年人口比重分别以年均 2.18%、0.28%、4.30%、2.40%的速度递减,只有江苏以年均 1.60%的速度递增。

形成高位静止模式的原因是:首先,根据美国哈佛大学经济学教授 H.莱宾斯坦的"收入效应"理论,当人均收入不断增加时,生育抉择就会倾向于少育。该类地区经济发达,人均收入水平高,导致少年儿童比例不断下降。从全国水平看,2012 年上海、北京、天津的少儿人口比重分别以 10.72%、11.43%、14.56%位居全国少儿人口最少的前三位,同时浙江和江苏也分别位于第 6 位、第 8 位的非常靠前的位置。该类地区较少的少儿人口数量从底部推动了人口年龄结构的老化。其次,该地区有雄厚的财力支持医疗卫生事业,2012年北京、上海、浙江每千人的卫生技术人数分别为9.48人、6.21人、6.02人,分列全国的第1、2、4位,天津也以5.45人的水平位于第10位。该类地区较高的医疗水平延长了老年人口平均寿命,降低了死亡率,从而从顶部拉动了人口年龄结构的老化。再次,大量青壮年劳动力不断涌入该地区。年均人口机械增长率高达21.59‰,有效抑制了人口老龄化趋势。

2. 高位扩张模式的地区及特征

高位扩张模式的地区包括重庆、贵州、安徽、四川、湖南,主要是我国中西部省份。该模式的主要特征是,老龄化起步较晚,但速度快,程度高。2012年该类地区人口自然增长率为5.34‰,老年人口比重为11.06%,老年抚养比高达15.68%,2002—2012年的人口机械增长率为-6.92‰,同期老年人口增长幅度为2.77%,以上各项指标都位居四类地区之首。2012年重庆、湖南、四川、安徽、贵州的年人均GDP分列全国第12、20、24、26、31位。除重庆居于全国中游水平外,其他省份均在全国下游位置,贵州甚至为全国人均GDP最低的地区,说明该地区人口高度老龄化并不是由于高度发达的社会经济推动造成的。从人口机械增长率可以发现,该类地区存在着人口大量流出的现象,贵州、安徽、湖南、四川人口机械增长率分别为-15.91‰、-9.43‰、-6.42‰、-4.22‰,分别位于全国第1、3、5、7位。根据人口迁移推拉理论,人口为了追求更丰厚的经济回报,会由经济落后地区向经济发达地区流动,并且人口流动的主体是青壮年劳动力,留在当地的主要是无力外出的老年人。随着劳动人口的大量外迁,该类地区的老年人口增长幅度显著上升,2002—2012年重庆、四川、湖南、贵州、安徽老年人口增长幅度各自位于全国的第1、2、4、6、7位。

3. 中位扩张模式的地区及特征

该类地区为黑龙江、辽宁、河北、福建、江西、山东、河南、广西、湖北、陕西、甘肃11个省份,可以分为东部地区和部分内陆地区两种类型,其老年人口比重为9.32%,仅次于前两种模式。该模式的基本特征是老龄化速度为1.62%,略高于全国1.24%的平均水平;老龄化程度为9.32%,几乎与全国平均水平的9.40%相持平。该类模式的成因主要有两个:一是经济社会发展水平较高,主要包括辽宁、福建、山东、河北4个东部省份。2012年四省人均GDP分别为56 649元、52 763元、51 768元、36 584元,均高于全国平均水平,位于全国前列。其老龄化程度相对较高的原因与高位静止模式类似:社会经济相对发达,当地居民生育观念转变,以及抚养孩子的成本上升,人们更加倾向于少生优生。同时,随着经济发展和医疗卫生技术进步,死亡率下降,平均预期寿命不断延长,老年人口比重不断增加,最终推高了老龄化水平。其二是劳动力大量外流,成因与高位扩张模式相似,主要包括黑龙江、江西、河南、广西、湖北、陕西、甘肃7个中西部地区。在2002—2012年全国人口净迁出率前十位的地区中该类地区占了6位,广西、河南、甘肃、湖北、陕西、江西分列第2、4、6、8、9、10位,大量劳动力外流成为该类地区人口老龄化加剧的重要推动力。该类地区人口老龄化程度虽然没有前两类地区高,但也超出国际7%标准2.32个百分点,老龄化危机也不可忽视。

4. 低位静止模式的地区及特征

低位静止模式包括海南、山西、内蒙古、吉林、广东、云南、西藏、青海、宁夏、新疆。除广东外,其他地区为我国新兴经济地区或经济不发达的中西部地区。基本特征是:老龄化起点最低,速度最慢,尚处于老龄化初始阶段。2012年该类地区老年人口比重为7.14%,为四类地区中最低。其中西藏、宁夏、新疆、广东老年人口比重分别为5.41%、6.63%、6.80%、6.98%,还未进入老年型社会。老龄人口增长幅度为0.56%,在四类地区中位居第三位,有些地区老龄人口甚至出现了负增长,如海南为—0.30%,广东为—0.75%,西藏为—0.99%。形成低位静止模式的原因主要有两个:一是该模式中大多数省份的经济不很发达,传统生育观念比较牢固,人们倾向于多生育,因而与其他省份相比出生率较高。2012年西藏、新疆、海南、青海、宁夏的人口出生率分别以15.48‰、15.32‰、14.66‰、14.30‰、13.26‰位居全国第1、2、3、4、9位;其二是多数省份位于内陆或边疆地区,经济发展相对落后且少数民族聚居,国家对其计划生育工作的要求低于全国平均水平,以至该类地区的老龄化水平最低。该种模式正处于由成年型结构向老年型结构过渡的初期阶段。

三、养老保障发展指数的地区差异

养老保障发展指数主要受到养老保险待遇水平、养老保险覆盖率、养老保险资金可持续性、老年医疗保障的因素的影响。本文基于以上四个指标构建养老保障发展指数。

(一)养老保障发展指数的公式设计

在计算中国养老保障指数(OSDI)时,本文将城镇职工养老保险、城乡居民社会养老保险进行统一处理。同时,养老保险的基金收支状况直接关系到养老保障事业的可持续发展,老年医疗保障水平也在很大程度上体现养老保障水平。因各指标的影响力和作用不同,进行综合指数的计算时在权重分配上也体现了差异性。依据德尔菲赋值法,可将养老保障指数公式设计为:

$$OSDI = 0.4P_1 + 0.3P_2 + 0.1P_3 + 0.2P_4 \tag{1}$$

公式(1)中,$OSDI$为养老保障指数,P_1为地区养老保险待遇水平,P_2为地区养老保险覆盖率,P_3为地区养老保险基金收支比,P_4为地区老年医疗保障水平。

养老保险待遇水平是考察某地区企业职工、城乡满60周岁居民能够从社会养老保险制度获得的养老待遇的综合指标,由城镇企业职工养老金、城乡居民养老金构成,能够测量某地区养老保障的综合发展水平。其计算公式为:

$$P_1 = TEP \times \frac{TRA}{DPA} + TCP \times \frac{TCA}{DPA} \tag{2}$$

其中,$TEP = \dfrac{TEE}{TRA}$,$TCP = \dfrac{TCE}{TCA}$。

公式(2)中,TEP为城镇职工基本养老保险待遇,TRA为城镇职工离退休人员数,DPA为领取养老金待遇的总人数,TCP为城乡居民社会养老保险待遇,TCA为城乡居民社会养老金领取人数,TEE为城镇职工基本养老保险基金支出额,TCE为城乡居民社会养老保险基金支出额。

养老保险覆盖率考察某地区城镇职工、城乡居民参加养老保险制度的综合参保率,是评估某地区养老保险"全覆盖"进展情况的指标。计算公式为:

$$P_2 = \frac{ACA}{DYA} \times 100\% \quad (3)$$

公式(3)中，ACA 为地区养老保险参保总人数，DYA 为 15 岁及以上年龄的人口数。

养老保险基金收支比是衡量养老保险财务可持续程度的指标。如果收支比大于 1，就意味着参保人员当期缴纳的养老保险费及其他基金收入能够满足当期老年人的养老费用需求，且存在一定程度的基金结余；当收支比等于 1 时，表示当期养老金供给与需求二者平衡；当收支比小于 1 时，表示当期养老保险基金收入不能抵补当期支付，养老基金出现亏空。计算公式为：

$$P_3 = \frac{PFI}{PFE} \times 100\% \quad (4)$$

公式(4)中，PFI 为地区养老保险基金收入，PFE 为地区养老保险基金支出。

老年医疗保障水平是表示某地区医疗保障水平高低的指标，用每千人卫生技术人员数量来衡量。卫生部对全国多个省市抽样调查的结果表明，我国老年人中患有冠心病、高血压、糖尿病、恶性肿瘤和其他退行性疾病的情况较为普遍，身体健康状况较好的老年人只占 1/3，而 2/3 的老年人身体健康状况不佳。因此，一个地区医疗保障水平的高低也直接决定了老年人口养老保障水平的高低。计算公式为：

$$P_4 = \frac{SPA}{CPA} \times 1\,000 \quad (5)$$

公式(5)中，SPA 为卫生技术人员数，CPA 为地区人口数。

（二）养老保障发展指数测算

为消除指标量纲上的差异，首先需要进行标准化处理，即以各指标的实际值除以实际值所在组数据的算术平均值。设实际值为 X，标准化值为 Z，则利用实际值及标准化值可以测得 2012 年中国各地区养老保障发展指数，如表 2 所示。

表 2　　　　　　　　　　2012 年中国各地区养老保障发展指数

排名	地区	OSDI（养老保障发展指数）	P_1（养老保险待遇） X_1	Z_1	P_2（养老保险覆盖率） X_2	Z_2	P_3（养老保险基金收支比） X_3	Z_3	P_4（老年医疗保障） X_4	Z_4
1	北京	1.5149	2 950.24	1.56	74.93%	1.04	1.56	1.21	9.48	1.87
2	上海	1.2102	2 757.09	1.46	59.07%	0.82	1.23	0.95	6.21	1.23
3	山东	1.1343	2 190.64	1.16	89.25%	1.24	1.27	0.99	5.47	1.08
4	西藏	1.1232	2 948.47	1.56	71.95%	1.00	1.56	1.21	3.03	0.60
5	浙江	1.1167	1 994.14	1.05	79.07%	1.10	1.53	1.19	6.02	1.19
6	陕西	1.0762	1 958.84	1.03	80.70%	1.12	1.24	0.96	5.76	1.14
7	山西	1.0760	1 985.76	1.05	77.25%	1.08	1.47	1.14	5.53	1.09
8	广东	1.0759	1 986.81	1.05	79.80%	1.11	1.86	1.44	4.89	0.97
9	新疆	1.0500	2 022.10	1.07	58.09%	0.81	1.27	0.99	6.12	1.21
10	青海	1.0443	2 165.86	1.14	70.07%	0.98	1.15	0.89	5.11	1.01
11	内蒙古	1.0081	1 960.25	1.03	60.07%	0.84	1.21	0.94	5.62	1.11

续表

排名	地区	OSDI (养老保障发展指数)	P_1 (养老保险待遇) X_1	Z_1	P_2 (养老保险覆盖率) X_2	Z_2	P_3 (养老保险基金收支比) X_3	Z_3	P_4 (老年医疗保障) X_4	Z_4
12	江苏	1.0007	1 842.25	0.97	73.68%	1.03	1.42	1.10	5.00	0.99
13	河北	0.9950	1 982.38	1.05	83.13%	1.16	1.14	0.89	4.32	0.85
14	福建	0.9899	1 866.07	0.98	79.75%	1.11	1.23	0.95	4.7	0.93
15	海南	0.9854	1 886.90	1.00	72.03%	1.00	1.10	0.85	5.08	1.00
16	河南	0.9830	1 720.26	0.91	91.16%	1.27	1.23	0.96	4.56	0.90
17	辽宁	0.9795	1 772.24	0.94	65.36%	0.91	1.16	0.90	5.62	1.11
18	天津	0.9733	2 105.75	1.11	40.61%	0.57	1.19	0.93	5.45	1.08
19	宁夏	0.9715	1 875.03	0.99	63.99%	0.89	1.08	0.84	5.29	1.05
20	安徽	0.9642	1 704.97	0.90	96.03%	1.34	1.33	1.03	3.94	0.78
21	甘肃	0.9392	1 764.80	0.93	75.79%	1.05	1.27	0.99	4.33	0.86
22	湖北	0.9194	1 523.85	0.80	74.11%	1.03	1.22	0.95	5.00	0.99
23	重庆	0.9177	1 586.39	0.84	77.95%	1.09	1.30	1.01	4.47	0.88
24	湖南	0.9075	1 447.90	0.76	85.83%	1.19	1.26	0.98	4.47	0.88
25	四川	0.8884	1 483.10	0.78	69.13%	0.96	1.25	0.97	4.82	0.95
26	云南	0.8821	1 638.69	0.86	75.37%	1.05	1.47	1.14	3.58	0.71
27	贵州	0.8799	1 742.67	0.92	66.65%	0.93	1.36	1.06	3.72	0.74
28	广西	0.8759	1 571.82	0.83	63.53%	0.88	1.12	0.87	4.72	0.93
29	黑龙江	0.8529	1 546.09	0.82	48.71%	0.68	1.03	0.80	5.25	1.04
30	江西	0.8408	1 360.74	0.72	76.48%	1.06	1.34	1.04	3.99	0.79
31	吉林	0.8201	1 393.87	0.74	47.61%	0.66	1.06	0.83	5.24	1.04

资料来源:根据公式(1)、(2)、(3)、(4)、(5)综合计算得出。

表3 变量描述性统计结果

指标	养老保障发展指数	养老保险待遇水平	养老保险覆盖率	养老保险基金收支比	老年医疗保障水平
平均值	0.9999	1 894.71	71.84%	1.29	5.06
中位数	0.9830	1 866.07	74.11%	1.25	5.00
标准差	0.1345	399.47	12.61%	0.18	1.12
方差	0.0181	159 575.16	1.59%	0.03	1.25
最小值	0.8201	1 360.74	40.61%	1.03	3.03
最大值	1.5149	2 950.24	96.03%	1.86	9.48
极值比	1.8472	2.17	2.36	1.81	3.13
变异系数	0.1345	0.21	0.18	0.14	0.22

资料来源:根据表2数据计算得出。

表3数据是对表2数据进行统计处理后得到的。从极值比来看,各地老年医疗保障水平两极分化最严重,其次是养老保险覆盖率和养老保险待遇水平,养老基金收支比两极分

化最轻。从变异系数看,老年医疗保障水平为0.22,离散程度最大,其次为养老保险待遇水平0.21,离散程度最小的是养老保险基金收支比0.14。因此,在总体上老年医疗保障水平和养老保险待遇水平的变动对养老保障发展指数的影响最大。

四、人口老龄化模式与养老保障发展指数关系的地区差异分析

(一)人口老龄化与养老保障发展指数关系的象限图

我们可以把养老保障发展指数与区域人口老龄化程度二者之间的关系分为四个维度:①老龄化程度高与养老保障发展水平高并存,简称为"双高模式";②老龄化程度高与养老保障发展水平低并存,简称为"高低模式";③老龄化程度低与养老保障发展水平低并存,简称为"双低模式";④老龄化程度低与养老保障发展水平高并存,简称为"低高模式"。为检验我国各地区的老龄化程度与养老保障发展水平的具体关系,本文依据我国31个省级行政区域养老保障发展指数的中位值与老年人口比的中位值作为象限图横轴与纵轴的交叉点坐标(0.9830,8.84%)构建象限图(如图1所示)。将各地区投射至四个象限内,直观展现31个地区的人口老龄化程度与养老保障发展水平的关系,并进行交叉分类分析。

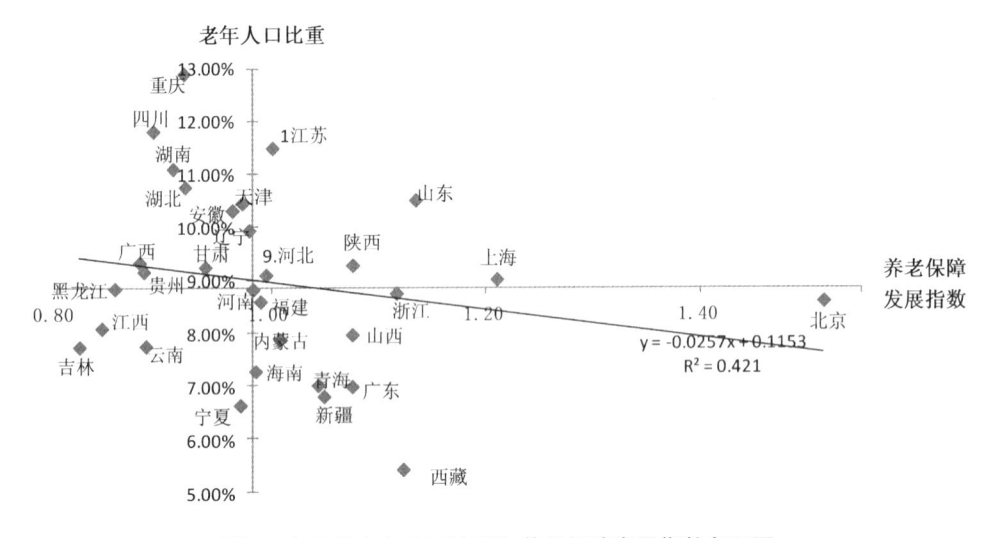

图1 各地区老年人口比重与养老保障发展指数象限图

(二)人口老龄化与养老保障发展指数关系的分析结论

第一象限为"双高模式",即人口老龄化程度处于全国前列,养老保障发展指数高于各地区中位值。包括上海、山东、江苏、河北、陕西5个省级行政区域。除陕西外,均分布在我国东部沿海地区。该地区经济发展水平高,2012年上海、江苏、山东、陕西、河北的人均GDP分别位列全国第3、4、10、14、15位,河北和陕西虽然名次稍靠后,但也位于全国中位名次之前。发达的社会经济在很大程度上为养老保障发展提供了良好的物质基础。从养老保险待遇水平来看,上海、山东、河北分别位居全国第3、4、11位;从老年医疗保障水平看,上海、陕西、山东分列全国第2、5、9位。一般情况下,社会经济越发达的地区,居民受教育水平越高,对国家各项政策理解越透彻,也越有积极性参加社会保险。山东、河北、陕西养老保险覆盖率分别为89.25%、83.13%、80.70%,分列全国第3、5、6位。

第二象限为"高低模式",即人口老龄化程度位于全国前列,养老保障发展指数低于全国中位水平。有重庆、四川、湖南、湖北、天津、安徽、辽宁、甘肃、广西、贵州、黑龙江11个省级行政区域,大部分位于我国人口外迁比较大的中西部地区和个别东部地区。除天津、辽宁外,大部分地区社会经济发展水平较低。在人均GDP方面,2012年贵州、广西、安徽、四川分别位列全国第31、27、26、24位。社会经济基础的薄弱限制了养老保障发展水平的提高。从养老保障待遇水平看,湖南、四川、湖北、黑龙江分别位于全国第29、28、27、26位;从老年医疗保障水平看,贵州、安徽、甘肃、湖南分列全国第29、28、25、24位。该类地区劳动力流出量比较大,剩下大部分为老年人口,尤其是农村老年人口。从人口老龄化程度看,重庆、贵州、安徽、四川、湖南均属于高位扩张模式,天津属于高位静止模式,其他地区均属于中位扩张模式,且正位于向高位模式过渡的拐点上。

第三象限为"双低模式",即人口老龄化程度低于全国中位水平,养老保障发展指数也低于全国中位水平。包括江西、吉林、云南、宁夏4个地区。该地区养老保障发展指数低的原因与"低高模式"相似,主要由于社会经济发展水平较低。2012年云南、江西人均GDP分列全国第29、25位,吉林、宁夏的人均GDP位于全国中游水平。从养老保险待遇水平看,江西、吉林位于全国倒数两位;从老年医疗保障水平看,云南、江西分列全国第30、27位,宁夏和吉林位于中游水平。从人口老龄化程度看,云南、吉林、宁夏属于低位静止模式,只有江西属于中位扩张模式,且属于由低位模式进入中位扩张模式的初始阶段。

第四象限为"低高模式",即人口老龄化程度低于全国中位水平,养老保障发展指数高于中位水平。包括北京、西藏、浙江、福建、广东、山西、内蒙古、河南、海南、青海、新疆11个地区,其中部分为沿海地区,部分为内陆地区。沿海地区高度发达的社会经济为较高的养老保障发展水平提供了物质保障,内陆地区如新疆、内蒙古、青海、西藏,自然资源丰富,且受国家财政大力补贴,同时人口相对稀少,致使各指标水平较高。在养老保险待遇水平上,北京、西藏、青海分列全国第1、2、5位;从老年医疗保障水平看,北京、新疆、内蒙古分列全国第1、3、6位。在人口老龄化程度上,除北京、浙江、福建外,其他8个地区均属于低位静止模式。

五、研究结论与政策建议

四象限法反映了我国省际人口老龄化程度与养老保障发展指数的具体关系。养老保障发展指数具有明显的区域差异:老龄化程度较高的地区,养老保障发展指数较低;老龄化程度较低的地区,反而养老保障发展指数较高。老龄化程度与养老保障发展指数呈现出一定负相关关系。这与大多数人所认为的二者应呈正相关关系的直观感觉正好相反,说明目前我国养老保障发展水平没有满足人口老龄化的客观需要。"双高模式"地区由于老龄化速度加快,面临着步入"高低模式"的危险;"高低模式"地区分布广泛,面临着未富先老的巨大社会压力,而且人口老龄化速度较快,需要积极采取控制人口老龄化,大力发展社会经济的举措;"双低模式"地区虽然社会经济压力相对较小,但较低的养老保障发展水平难已满足人们需要,面临大力发展社会经济、提高养老保障水平的压力;"低高模式"

是一种理想的状态,但形成该模式的主要原因是国家财政的大力支持,而且分布在内陆的地区人口稀少,享受到较高养老保障水平的老年人口绝对数量少。为实现人口老龄化与养老保障发展水平的协调一致,现提出以下对策:

第一,基于各地特点,有侧重点地发展老龄事业。"双高模式"和"低高模式"地区经济较为发达,应探索老龄事业的市场化、产业化、科技化发展之路。"双低模式"地区经济相对落后,应以基本的养老服务设施建设为主并配套以养老医疗服务,为老年人口提供基本保障。"高低模式"地区人口老龄化程度十分严重,经济发展并不十分发达,在保持政府主导的前提下,应鼓励多种资本进入老龄事业,以弥补政府资金的不足。

第二,实施不同的二胎补助政策,促进省际间人口结构的均衡。在当前二胎政策普遍开始实施的前提下,针对不同地区的现实人口情况,应适时推行二胎补助政策。"低高模式"地区和"双高模式"地区由于社会经济发展水平高,生活压力较大,可考虑率先实行对生育二胎的生活补助政策。"双低模式"地区自然生育率较高,老龄化程度较低,可不实行二胎补助政策,以避免人口过剩给当地带来更大的社会经济压力。

第三,制定不同的经济发展政策,统筹区域发展。"双高模式"地区和"低高模式"地区经济发达,经济增长模式转换显得较为迫切,需要增加人力资本积累,努力促进经济增长方式转变。"双低模式"地区和"高低模式"地区在一段时间内仍处于人口红利期,应积极承接东部产业转移,大力发展劳动密集型服务业,把人口红利转换为增长动力,实现经济自我驱动式增长。

参考文献:

[1]姚静.中国人口老龄化的聚类分析[J].西北人口,2000(2):10.

[2]于蜀,陈扬乐.中国区域人口老龄化趋势、特征及其对策[J].华东师范大学学报(哲学社会科学版),2000(3):94-127.

[3]谭姝琳,贾向丹.我国人口老龄化地区差异的聚类分析[J].黑龙江对外经贸,2011(6):68.

[4]杨雪,王淇田.中国人口老龄化趋势地区性差异的量化分析[J].吉林大学学报(哲学社会科学版),2012(1):152-153.

[5]孙蕾,谢越.中国人口老龄化的地区聚类及影响因素分析[J].西北人口,2014(1):1.

[6]杨立雄,宁亚芳.中国养老保障发展水平差异研究——基于2011年面板数据的实证分析[J].中国特色社会主义研究,2013(4):82.

[7]王亚柯,王宾等.我国养老保障水平差异研究——基于替代率与相对水平的比较分析[J].管理世界,2013(8):116.

[8]王立剑,刘佳.基本养老保险综合发展水平研究[J].统计与决策,2008(19):58.

[9]杨燕绥,胡乃军.老龄社会发展指数构建研究[J].老龄科学研究,2013(3):70.

[10]任强,傅强.经济发展下的边际生育行为——H.莱宾斯坦理论的实证分析[J].中国人口科学,2007(1):60.

[11]肖周燕.中国人口迁移势能研究[M].北京:中国劳动社会保障出版社,2009:95.

[12]杨立雄,宁亚芳.中国养老保障发展水平差异研究——基于2011年面板数据的实证分析[J].中国特色社会主义研究,2013(4):83.

[13]王黎,张滨.浅析老年医疗保障[J].中国卫生事业管理,2011(11):90.

教养方式与贫困儿童的抗逆力

——兼论我国社会救助的转向[*]

郑飞北[**]

摘　要： 要阻断贫困代际传递，关键在于防止贫困儿童的能力剥夺，促进贫困儿童的能力发展。在开放社会条件下，儿童的能力发展不仅有赖于国家基本公共服务的供给，更有赖于儿童自身的抗逆力。然而，贫困家庭的家庭过程尤其是父母的教养方式往往会抑制儿童的抗逆力。本文基于"中国家庭追踪调查"2012年的调查数据，发现在对子女的正向评价相当的情况下，贫困家庭父母对子女的赞赏频率显著低于普通家庭的父母，而父母对子女的赞赏频率对儿童的积极心理资本有正向影响。在当前对贫困家庭的物质帮扶已经达到一定水平的情况下，对贫困家庭的社会救助不应局限于物质层面，而应实现从物质救助到服务增能、从救助到户到服务入户的转向，借助社会工作等专业服务的力量，改进贫困父母的教养方式，提升贫困儿童的抗逆力。

关键词： 贫困家庭　教养方式　儿童　抗逆力　社会救助

导言

贫困代际传递是导致贫困长期化乃至固化的关键机制。要有效消除贫困，就必须准确识别出导致贫困代际传递的原因，并采取有效措施，遏制、阻断贫困以一种类似基因遗传的方式从贫困家庭的父母传递到贫困儿童身上，防止现在的贫困儿童成年后陷入贫困，沦为下一代贫困儿童的父母。在这个过程中，贫困家庭的儿童无疑是整个循环的关键一环。

"扶贫必扶智"，要使成长在贫困家庭的儿童成年后能够跳出贫困，关键是要使贫困儿童能够发展起足够的能力去捕捉竞争性的开放社会所提供的人生机会。因此，在社会经济转型之后，在国家提供了足够开放的机会结构的条件下，政策的重点须是防止贫困儿童的能力剥夺，并把贫困人群尤其是儿童的能力发展作为整个发展政策的核心。要发展儿童的能力，一方面，有赖于教育、医疗卫生等社会服务的有效供给，确保这些社会服务对贫

---

[*] 本文系国家社科基金青年项目"社会转型期的儿童贫困问题研究"（项目编号：12CSH083）的部分研究成果，文中所用调查数据来自北京大学中国社会科学调查中心"中国家庭追踪调查"（CFPS），特此说明。

[**] 作者简介：郑飞北，南开大学社会工作与社会政策系讲师。

困儿童的可及性,让贫困儿童有机会去提升自己的受教育水平和健康水平这些在知识经济时代构成人的可行能力的重要元素。另一方面,扶贫先扶志,儿童的能力发展是一个演进的过程,要发展自身的可行能力,本身需要贫困儿童及其家庭付出努力,以积极的心态、强大的愿力等抗逆力去正确理解贫困的环境给自己带来的压力,并充分利用社会服务所创造的培养可行能力的平台和机会。特别对于儿童而言,在贫困环境中的抗逆力的强弱,是影响其能否最终跳出贫困陷阱的重要因素。

然而,诚如贫困文化所揭示的那样,贫困的环境很可能会抑制贫困儿童的抗逆力。有鉴于此,充分培育各种有利于增强包括贫困儿童在内的困境儿童的抗逆力的正向因素,乃成为一种行之有效的干预策略。在这些正向因素中,父母良好的教养方式被认为具有不可替代的价值。由此,改进贫困儿童的父母的教养方式,成为许多儿童发展干预项目的着力点。

本文的目的,在于考察我国贫困家庭的父母的教养方式对儿童抗逆力的影响。全文共分四个部分,首先是一个简要的文献综述,以厘清研究思路。接着,介绍所用的数据和分析方法。然后,呈现数据分析的结果。最后是结论和讨论部分。

一、文献综述

与贫困相关的种种压力会给贫困儿童的身心健康带来多重影响,但同样在贫困的环境中成长,不同儿童的抗逆力却存在显著的区别。研究表明,在贫困环境中,儿童的抗逆力与父母的教养方式、贫困的性质、儿童的性别等因素密切相关。

(一)父母的教养方式

父母的情绪、夫妻关系、亲子互动等家庭过程是贫困作用于儿童抗逆力的关键中介,不同的养育方式对贫困家庭的子女影响大不相同。在这方面,母亲的角色显得尤为重要。研究表明,孩子对母亲有很强的依赖性,如果孩子觉得母亲经常不在家或在家里很少理会自己的话,会给孩子的心理健康带来不利的影响。然而,母亲的教养方式未必符合孩子的预期或有利于孩子的健康成长,一是母亲本人可能就存在人格缺陷,二是母亲的教养方式各不相同,对孩子的影响也各异。对贫困少女的研究表明,疏离型的母亲养育的女儿抑郁、犯罪的可能性要比权威型、专断型或溺爱型的母亲养大的女儿高得多。

(二)贫困的性质

短期贫困或长期贫困,对儿童的抗逆力影响不一。这主要是因为随着贫困的延续,父母的教养方式往往会发生变化。在刚陷入贫困的家庭,母亲打孩子的次数明显增多,而在长期贫困家庭中,母亲却很少打孩子。这是因为在长期贫困条件下,贫困家庭已经适应了贫困的现实,家庭内部的互动模式已经稳定下来。但这并不等于长期贫困家庭的父母就能善待孩子。事实上,在长期贫困家庭中,父母更有可能以更严厉的方式虐待孩子,使孩子出现更严重的心理健康问题。

(三)儿童的性别与年龄

与贫困相关的压力对儿童的影响存在性别差异。比如,亲子互动不良对男孩的负面影响要显著高于对女孩的负面影响。一些研究揭示,贫困发生的时机对男女孩的影响各不相同。如果在幼年时家庭陷入贫困,那么男孩更有可能抑郁;如果在年龄稍大些的时候陷入贫困,则男孩更有可能出现多动症。相比而言,对女孩来说,不论是幼年时的贫困还是年龄稍大以后的贫困,都会影响其自尊心,降低其学习能力。

另外一些研究发现,贫困对男女孩的影响存在着生命周期的差异。在小学阶段,男孩比女孩更有可能因为家庭贫困出现行为偏差,而在青少年中,贫困与女孩的情绪消沉之间存在显著关联,而对男孩则并不明显。这种转换可能与女孩的角色冲突有关。对女孩来说,由于家长对她们的角色期望要求她们承担较多家庭责任,这加剧了学校目标和家庭需要之间的冲突,而她们又往往比男孩更重视自己在学校的表现,这样到小学四年级时,贫困女生的自我价值感和自尊心已经显著低于贫困男生。

家庭陷于贫困时儿童的年龄也是影响儿童抗逆力的重要因素。一般来说,家庭陷于贫困时,如果孩子已上学,则儿童更多表现为焦虑和抑郁等内化行为。但如果孩子还没有上学(0~5岁),则贫困对孩子的社会适应可能带来严重的负面影响。其中一个重要原因是贫困家庭的学龄前儿童很可能因为缺乏照料或营养不良而出现认知障碍,这些认知障碍会影响其社会适应,社会适应不良会进而导致其长大后犯罪的可能性要比其他孩子大得多。

就整体而言,现有的研究揭示了父母的教养方式对贫困儿童抗逆力的重要影响,即贫困会影响父母的教养方式,并由此影响儿童的抗逆力,尽管这种影响的程度本身取决于贫困的性质、儿童的性别、年龄及生命周期等因素。特别地,有关我国贫困家庭父母的教养方式对贫困儿童抗逆力的影响的研究尚不多见,基于定量数据的研究则更为有限。

二、数据和方法

本文所用的数据来自北京大学中国社会科学调查中心"中国家庭追踪调查"(CFPS)项目2012年的调查数据。[①] 其中,有关儿童的问卷内容分为两大块,即家人代答部分和10~15岁少儿自答部分。家人代答部分涉及对儿童表现的评价,而少儿自答部分则涉及父母的教养方式以及自身的行为和精神状态。因此,该问卷数据提供了本研究所关涉的主要变量,可以为本研究提供数据支持。

本研究的焦点是贫困家庭父母的教养方式对儿童抗逆力的影响。考虑到家庭教养方式在城乡之间和地区之间的差异,以及文献回顾部分提到的儿童性别的因素,分析时将家庭所处的区域、社区类型和儿童的性别作为控制变量。此外,考虑到父母对子女的教养方式本身取决于父母对子女行为表现的评价,因此把家人对儿童的评价也作为控制变量纳入分析。这样,本分析涉及的主要变量包括有家庭是否贫困、区域、社区类型、儿童的性别和年龄、父母的教养方式、家人对儿童的评价、儿童的自我评价、儿童的抗逆力等。其中,社区类型(城市社区或农村社区)、儿童的性别这两个变量可以从问卷数据中直接得到,区域变量按《中国统计年鉴》东部、中部、西部和东北的四分法,儿童的年龄则根据调查年份作相应转化,其他变量可按如下方式加以界定:

---

① 关于2012年数据的详细情况,请参见其技术报告,http://www.isss.edu.cn/cfps/wd/jsbg/2012jsbg/2015-02-03/230.html。

● 贫困家庭。对贫困的界定存在绝对贫困与相对贫困、主观贫困与客观贫困、收入贫困与支出型贫困、收入贫困与多维贫困等的区分。在本文中,对贫困家庭的界定以家庭过去一年是否领取过低保金为标准,凡是领取过低保金的家庭视为贫困家庭,反之则视为普通家庭。

● 教养方式。对儿童而言,父母的教养方式最直接的感受是父母对自己表扬与批评的频率。这两个变量分别对应少儿自答部分的 M212 和 M213 题,即"家长表扬你""家长批评你"的频率,由"1. 从不"到"5. 总是",共分为 5 个等级,在分析时按连续型变量处理。

● 对儿童的评价。考虑到10~15 岁的少儿绝大多数都在上学,因此对儿童的评价运用的数据是问卷中的 F801 题,即受访者对"这个孩子学习很努力"的赞同程度,"十分同意"、"同意"、"不同意"、"十分不同意"以及"既不同意也不反对"。为充分利用问卷数据的信息,对原来的变量取值进行了重新编码,即"十分同意"编码为 1,"同意"编码为 2,"既不同意也不反对"编码为 3,"不同意"编码为 4,"十分不同意"编码为 5。

● 儿童的自我评价。变量数据来自问卷 M709 题,即受访儿童对"我做事细致周全"这一描述的赞同程度。同样,为充分利用问卷数据的信息,对原来的变量取值进行了重新编码,即"十分同意"编码为 1,"同意"编码为 2,"既不同意也不反对"编码为 3,"不同意"编码为 4,"十分不同意"编码为 5。

● 抗逆力。对儿童的抗逆力有不同的测量方式。在本文中,抗逆力主要包括两个维度,即在贫困环境中出现负面情绪的频率(严重程度)以及正面情绪的频率,从问卷数据中少儿自答部分的 M1M 题得到,即过去一周内出现烦恼、胃口不好等情绪反应的频率,分为四个等级,"几乎没有(不到一天)"、"有些时候(1~2 天)"、"经常有(3~4 天)"和"大多数时候有(5~7 天)"。该题共包括 20 个小问题,包括负面情绪如"我感到情绪低落""我感到害怕"等,也包括"我对未来充满希望""我很愉快"等积极心理状态。为保证数据的内在一致性,运用因子分析法进行了检验,发现可以分为积极心态和情绪困扰两个维度。于是,将代表积极心理状态的各题项的取值和反映情绪困扰的各题项的取值分别加总,得出两个新变量。

这里需要说明的是,由于调查对象分为偶数年龄(10 岁、12 岁、14 岁)和奇数年龄(11 岁、13 岁和 15 岁),且两个年龄组的题项内容并不一致,以及调查内容分为家人代答部分和少儿自答部分,导致在分析时出现了相当数量的问卷因相关变量缺省("不适用"或"不知道")而无法纳入分析。经变量筛选、数据变换后纳入分析的样本情况,参见表 1。

表 1　　　　　　　　　　　　　　样本特征描述

变量	类别	频次	百分比(%)
儿童性别	男	4 527	52.49
	女	4 098	47.51
儿童年龄	10~11 岁	814	34.46
	12~13 岁	953	35.35
	14~15 岁	929	30.19
社区类型	农村	6 577	76.65
	城市	2 004	23.35

续表

变量	类别	频次	百分比(%)
区域	东部	2 564	28.85
	中部	2 442	28.43
	西部	2 865	33.36
	东北	718	8.36
是否贫困	普通家庭	7 660	89.27
	贫困家庭	921	10.73

三、分析结果

考虑到儿童感受到的父母的教养方式本身是一个因变量,因此本文的分析分为两个阶段,首先考察儿童感觉到的父母的教养方式受到哪些因素的影响,然后再考察这种教养方式对儿童抗逆力的影响。

(一)父母的教养方式

分别以儿童感觉到的父母对自己表扬和批评的频率为因变量,以儿童所在家庭的经济状况、所居住社区的类型、所处的区域以及儿童的性别、年龄和儿童对自我的评价,以及家人对儿童表现的评价等作为自变量,纳入线性回归模型,结果如表2所示。

表2　　　　　　　　　　　父母教养方式线性回归结果

	表扬 回归系数	表扬 标准误差	批评 回归系数	批评 标准误差
家庭类型(参照组:普通家庭)				
贫困家庭	−0.194***	0.0734	−0.0898	0.0744
儿童年龄(参照组:14~15岁)				
12~13岁	0.106*	0.0580	0.0399	0.0587
10~11岁	0.0166	0.0600	−0.0891	0.0608
儿童性别(参照组:女)				
男	0.0255	0.0486	−0.0509	0.0492
社区类型(参照组:农村)				
城市	0.272***	0.0566	0.0915	0.0573
区域(参照组:东部)				
中部	−0.0327	0.0631	−0.0148	0.0639
西部	−0.0809	0.0622	0.104	0.0630
东北	0.281***	0.0904	−0.0410	0.0915
对儿童的评价	−0.0350	0.0253	0.0761***	0.0257
儿童自我评价	−0.0898***	0.0253	0.0693***	0.0257
观察个案	1214		1214	
R-squared	0.056		0.028	

注:*** 为 $p<0.01$,** 为 $p<0.05$,* 为 $p<0.1$。

从上述结果看,在父母对儿童的批评方面,只有两个变量有显著影响,即家人对儿童的评价和儿童的自我评价。儿童的自我评价越好,感觉父母批评自己的频率越高;家人对儿童的评价越差,儿童感觉父母批评自己的频率越高。除此以外,其他变量均无显著影响。

与此相比,城市社区的儿童感觉到父母对自己的表扬频率显著高于农村社区的儿童,东北地区的儿童感觉父母表扬自己的评论要比东部地区的儿童高,12~13岁的儿童认为父母表扬自己的频率要比14~15岁的儿童感觉到的频率高,自我评价越好的儿童越认为父母表扬自己的频率低。这些结果与日常的生活经验是一致的。

特别值得注意的是,与普通家庭的儿童相比,贫困家庭的儿童感觉到父母表扬自己的频率显著偏低。可能的原因是,贫困儿童的自我评价好于普通儿童对自我的评价,且统计上有显著意义($t=2.15, p<0.05$)。与此相反,贫困家庭家人对儿童的评价却不如普通家庭家人对儿童的评价($t=2.83, p<0.01$)。这种情况下,贫困儿童显著感觉到父母对自己的表扬太少也就不难理解了。

(二)教养方式对儿童抗逆力的影响

分别以儿童的情绪困扰和积极心理为因变量,以儿童所在家庭的经济状况、所居住社区的类型、所处的区域以及儿童的性别、年龄和儿童对自我的评价,以及父母对儿童表扬和批评的频率等作为自变量,纳入线性回归模型,得出结果如表3所示。

表3　　　　　　　　　　　　儿童的抗逆力线性回归结果

	情绪困扰		积极心理	
	回归系数	标准误差	回归系数	标准误差
家庭类型(参照组:普通家庭)				
贫困家庭	−0.0182	0.474	0.156	0.208
儿童年龄(参照组:14~15岁)				
12~13岁	0.184	0.3650	−0.0312	0.161
10~11岁	0.566	0.382	−0.140	0.168
儿童性别(参照组:女)				
男	−0.768**	0.305	−0.0732	0.134
社区类型(参照组:农村)				
城市	−0.513	0.365	0.786***	0.161
区域(参照组:东部)				
中部	0.321	0.405	0.295*	0.178
西部	1.962***	0.396	0.309*	0.174
东北	−1.967***	0.573	0.750***	0.252
儿童自我评价	0.589***	0.160	−0.125*	0.0705
父母表扬的频率	−0.835***	0.184	0.388***	0.0809
父母批评的频率	0.952***	0.184	0.121	0.0810
观察个案	1 357		1 357	
R-squared	0.098		0.071	

注:*** 为 $p<0.01$,** 为 $p<0.05$,* 为 $p<0.1$。

从结果看,有多个因素影响了儿童受情绪困扰的程度。与男孩相比,女孩遭受情绪困扰的程度更深,这可能与女孩的性别特征有关。与东部地区的儿童相比,西部地区的儿童遭受情绪困扰的程度更重,而东北地区的儿童遭受的情绪困扰则要轻得多,这或许体现了地域文化的影响。儿童的自我评价越差(越是不认为自己做事细致),情绪困扰程度越重;父母表扬的频率越高,儿童遭受的情绪困扰程度越轻;而父母批评的频率越频繁,儿童的情绪困扰程度越深,这些结果与我们的经验直觉是相吻合的。

在积极心理方面,城市社区的儿童要比农村社区的儿童更积极。与东部地区的儿童相比,西部、中部和东北地区的儿童,其心理状态都要显得积极一些,这与前述儿童受情绪困扰的程度存在一定的矛盾,其原因尚有待合理的解释。与经验直觉一致的是,儿童自我评价越高(越是认为自己做事细致),越可能认为自己很愉快;父母表扬的频率越高,心理越积极。

值得注意的是,在控制父母的表扬频率、批评频率和社区、地域等变量后,不论是情绪困扰还是积极心理,贫困家庭的儿童与普通家庭的儿童相比并没有显著的区别。这说明,家庭经济状况本身并不直接成为儿童抗逆力的决定性因素。

四、结论和讨论

上述分析结果表明,与普通家庭的儿童相比,贫困家庭儿童感觉到的父母对自己的"赞"显著偏少,而父母的表扬对于减轻儿童的情绪困扰、增强儿童的积极心理均有显著的作用。从社会救助政策的角度说,这一结果具有相当的启示意义。

(一)从救助到户到服务入户

我国对贫困人群进行帮扶时,一条非常重要的经验是强调"扶贫先扶志",注重发挥贫困人士本身的潜能。但如何"扶志",却无明确的介入机制。一方面,不论是社会救助还是扶贫开发,其侧重点都是改善贫困家庭的物质生活层面:社会救助保障贫困家庭的基本生活,而扶贫开发重在增加贫困家庭的经济收入。在这种政策环境下,对贫困人群的扶志工作往往难以落实到位。另一方面,物质救助本身并不必然有利于增强贫困家庭对未来的信心。相反,相当多的研究表明,由于领取救助带来的社会污名化,长期接受物质救助的贫困家庭不仅不会发奋自强,而是很可能自暴自弃。因此,对贫困家庭的帮扶,不应局限于物质层面,而应更多地侧重于服务层面。

那么,具体应以谁为服务对象呢?从贫困代际传递的角度看,儿童的能力发展极为关键。儿童能否发展足够的能力,直接关系到家庭能否脱贫。然而,儿童能力的养成却与家庭过程密切相关。增加收入(包括扶贫生产和低保提标)虽能改变家庭的物质条件,缓解家庭内部资源分配的压力,减轻因预算约束给家庭过程带来的外在影响,但其家庭功能尤其是儿童能力发展所需的家庭功能未必能改善。诚如本文前述分析所揭示的那样,贫困儿童所在的家庭功能很可能存在缺陷——比如,贫困儿童自我感觉良好,却很少感受到来自父母等重要他人的赞赏。这就意味着,需要有外部力量尤其是社会工作等专业服务者的介入,来改善贫困儿童所在家庭的家庭过程,帮助贫困儿童学会观察、领会父母表达自己对儿童赞赏的方式,也引导贫困儿童的父母学会赞赏孩子,且以更具有显示度的方式表达自己对儿童所取得的进步的赏识,这样,才可能良性地循环,保护儿童的积极心理资本,并由此促使儿童更好地努力,利用好教育卫生等基本公共服务,积累足够的人力资本,捕捉社会经济发展带来的机会,跳出贫困陷阱。

(二)从物质救助到服务增能

就我国社会救助制度面临的挑战而言,引入社会工作等专业服务力量,应成为我国社会救助未来的一大发展方向。因为,第一,在全面建成小康社会的决定性阶段,我国的贫困已经从绝对贫困向相对贫困转型。应对绝对贫困,最有效的方式是保障贫困人群的生计;应对相对贫困,最有效的策略是消除贫困人群的能力剥夺。这意味着,对于社会救助制度来说,救助策略、救助内容、救助手段须跟进贫困的转型,方能在脱贫攻坚中发挥更大的作用。第二,我国已经建立起了最低生活保障制度、医疗救助、教育救助、住房救助等救助制度,且随着保障水平的提高,贫困人群的基本生活需要已经得到有效的保障。在这种情况下,社会救助制度应向更高的层次发展,从单纯保障贫困人群的基本生活,到增强贫困人群尤其是贫困儿童的能力。第三,随着公共服务均等化的推进,我国的医疗卫生、教育等公共服务的可及性已经大大提升,为包括贫困儿童在内的所有儿童的能力发展提供了广阔的平台。然而,贫困儿童能否充分利用这个平台带来的机会,用好公共服务资源,提升自己的能力,往往与其对未来的希望和信心密切相关。这种希望和信心的生成、维持和增强,离不开社工等专业人员提供的服务支持。

本文的研究表明,贫困儿童所在家庭的家庭功能很可能存在缺陷。这从一个侧面说明,要真正取得精准脱贫的效果,仅仅提供物质救助是不够的,而应引入社会工作等专业服务力量。要让专业服务介入贫困人群的救助,就必须跳出单纯给贫困人群物质帮扶的思路,而转向以物质帮扶保障贫困人群的基本生存、以专业服务增强贫困家庭尤其是贫困儿童的发展能力的"两条腿走路"的干预策略。只有这样,专业服务才有可能在扶贫济困中真正立足,才有可能真正促进贫困儿童的能力发展,有效遏制、阻断贫困代际传递,实现精准脱贫的目标。

参考文献:

[1]Ballet J,Biggeri M,Comim F. *Children and capability approach*[M]. New York: Palgrave Macmillan,2011.

[2]Bolger K E,et al. Psychosocial adjustment among children experiencing persistent and intermittent family economic hardship[J]. *Child Development*,1995,66(4).

[3]Dearing E. Psychological costs of growing up poor[J]. *Annals of the New York Academy of Sciences*,2008,1136.

[4]Govender K,Moodley K. Maternal support and adolescent self-esteem[J]. *Journal of Children and Poverty*,2004,10(1).

[5]Gutman L M, McLoyd V C, Tokoyawa T. Financial strain, neighborhood stress, parenting behaviors, and adolescent adjustment in urban African-American families[J]. *Journal of Research on Adolescence*,2005,15(4).

[6]Hammack P L,et al. Poverty and depressed mood among urban African-American adolescents: A family stress perspective[J]. *Journal of Child and Family Studies*,2004,13(3).

[7]Jarjoura G R, Triplett R A, Brinker G P.Growing up poor: Examining the link between persistent childhood poverty and delinquency[J]. *Journal of Quantitative Criminology*, 2002,18(2).

[8]Jeson F M,Fraser M W. *Social Policy for Children and Family: a Risk and Resilience Perspec-*

tive[M]. Sage, 2016.

[9] Lent S A, Figueira-McDonough. Gender and poverty: Self-esteem among elementary school children[J]. *Journal of Children & Poverty*, 2002, 8(1).

[10] Lewis O. *The Children of Sánchez: Autobiography of a Mexican Family*[M]. Random House, 1961.

[11] Maholmes V. *Fostering Resilience and Well-being in Children and Families in Poverty: Why Hopes Still Matters*[M]. Oxford University Press, 2014.

[12] McLeod J D, Nonnemaker J M. Poverty and child emotional and behavioral problems: racial/ethnic differences in processes and effects[J]. *Journal of Health and Social Behavior*, 2000, 41(2).

[13] McLeod J D, Owens T J. Psychological well-being in the early life course: variations by socioeconomic status, gender, and race/ethnicity[J]. *Social Psychology Quarterly*, 2004, 67(3).

[14] McLeod J D, Shanahan M J. Poverty, parenting, and children's mental health[J]. *American Sociological Review*, 1993, 58(3).

[15] Mistry R S, et al. Economic well-being and children's social adjustment: the role of family process in an ethnically diverse low-income sample[J]. *Child Development*, 2002, 73(3).

[16] Pittman L D, Chase-Lansdale P L. African American adolescent girls in impoverished communities: parenting style and adolescent outcomes[J]. *Journal of Research on Adolescence*, 2001, 11(2).

[17] Ridge T. *Living with Poverty: A Review of the Literature on Children's and Families' Experiences of Poverty*[M]. London: Her Majesty's Stationery Office, 2009.

[18] Sampson R J, Laub, J H. Urban poverty and the family context of delinquency: a new look at structure and process in a classic study[J]. *Child Development*, 1994, 65(2).

[19] Sen A. *Development as Freedom*[M]. Oxford University Press, 1999.

[20] Strom R D, Strom P S. *Parenting Young Children*[M]. Information Age Publishing, 2010.

[21] Taylor R D, Roberts D. Kinship support and maternal and adolescent well-being in economically disadvantaged African-American families[J]. *Child Development*, 1995, 66(6).

[22] Vernon-Feagans L, Cox M. *The Family Life Project: Epidemiological and Development Study of Young Children Living in Poor Rural Communities*[M]. Wiley, 2013.

[23] Wadsworth M E. An indirect effects model of the association between poverty and children functioning: the role of children's poverty-related stress[J]. *Journal of Loss and Trauma*, 2008, 13.

[24] Walker A. *The Shame of Poverty*[M]. Oxford University Press, 2014.

我国养老保险转移接续的三个方案比较

郑春荣[*]

摘　要： 劳动者的养老保险关系在不同参保地之间转移接续，通常有三种处理方式：欧盟模式、美国模式与中国现行模式。本文以我国现行养老保险计发公式为基础，计算出三种转移接续模式下的养老金待遇差异及替代率差异，认为美国模式的公平性最高，但可行性较差，可作为远期方案；中国现行模式不利于劳动力在贫富地区间的双向流动，也可能造成劳动力输出地区政府的利益受损；欧盟模式兼顾了公平、效率，是我国当前养老保险转移接续的现实选择。

关键词： 养老保险　转移接续　养老金　统筹

随着改革开放的不断深入和市场经济的快速发展，我国人口的跨地区流动大量增加。根据第六次人口普查数据，2010年全国跨省流动人口数量为8 587万，约占总人口的38.8%。对跨省流动人口进行分析可以发现，90%以上流动人口是劳动年龄人口，65岁以上的人口仅占1.32%。参保人员的高流动性，对我国基本养老保险制度及其管理提出了很大的挑战。

2009年国务院出台了《城镇企业职工基本养老保险关系转移接续暂行办法》(简称《暂行办法》)，规范了养老保险转移接续程序，平衡劳动力输入地与输出地的利益，也大大便利了广大参保人员。然而，《暂行办法》没有触及养老保险关系转移接续的本质问题——提高统筹层次的问题，故其只能作为一项过渡性的政策。2011年7月开始实施的《中华人民共和国社会保险法》第十九条规定："个人跨统筹地区就业的，其基本养老保险关系随本人转移，缴费年限累计计算。个人达到法定退休年龄时，基本养老金分段计算、统一支付。具体办法由国务院规定。"第六十四条规定："基本养老保险基金逐步实行全国统筹，其他社会保险基金逐步实行省级统筹，具体时间、步骤由国务院规定。"

郑功成指出，《暂行办法》的出台消除了养老保险转移接续的制度障碍，但此举并非根本之计，惟有加速全国统筹的步伐，方能从根本上实现养老保险关系转移接续的常态化和制度化。

根据上述法规，我国养老保险制度框架、统筹层次已较为清晰，但政策操作层面还有

---

[*] 作者简介：郑春荣，上海财经大学公共政策与治理研究院副教授。

待完善,本文拟比较分析养老保险转移接续的三个潜在方案的利弊,为优化我国基本养老保险全国统筹方案提出建议。

一、基本养老保险转移接续的三大模式

从世界范围内来看,养老保险接续主要有两种解决途径:一种是求同存异,即"欧盟模式"——分段计算、各国累计;另一种是整合成统一的养老体系,做到彻底全国统筹,即"美国模式"。我国2009年的《暂行办法》则提出了一种有别于欧盟模式的分段计算方案,本文称为"中国现行模式"。

(一)欧盟模式

欧盟的养老协调机制起源于1957年开始的欧共体建设,经过多年建设,最终形成了欧盟养老保险协调机制的基石——《欧共体1408/71号条例》、《欧共体574/72号条例》、《欧共体883/2004号条例》及其补充条例。对于在多个成员国工作并参加养老保险的人来说,其未来的养老金将分段计算,由各个国家累计相加所得,且这些国家的养老金数额分别对应于参保者在各成员国的参保年限。举个例子:参保者在荷兰参加养老保险5年,在比利时参加养老保险15年,最后在法国参加20年,直至退休。这样,参保者退休前累计参加养老保险共计40年。当他达到成员国规定的退休年龄时,荷兰会先计算出如果他在荷兰参加养老保险40年所应获得的养老金总数 $P_{荷兰}$,然后根据他在本国实际参保时间5年,计算出荷兰实际应支付的养老金数额,具体计算方法为:

$$P^1_{荷兰} = \frac{5}{(5+15+20)} \times P_{荷兰} \tag{1}$$

同样的,比利时会先计算出如果他在比利时参加40年养老保险应得的养老金总数 $P_{比利时}$,然后根据他在比利时实际参保15年,计算实际应支付的养老金数额,计算方法为:

$$P^2_{比利时} = \frac{15}{(5+15+20)} \times P_{比利时} \tag{2}$$

同理,法国应支付:

$$P^3_{法国} = \frac{20}{(5+15+20)} \times P_{法国} \tag{3}$$

最终,当事人将可以得到养老金共计:

$$P = P^1_{荷兰} + P^2_{比利时} + P^3_{法国} \tag{4}$$

这种计算模式能有效地兼顾和平衡自由流动劳工和相关成员国的利益,真正促进劳动力在欧盟内部的自由流动。董克用、王丹提出借鉴欧盟协调各国养老保险的做法,分段计算、累计派发,为流动工人提供充分的养老保障。

(二)美国模式

美国的基本养老保险计划由联邦政府以统收统支的形式进行管理,与州和地方政府无关。参保人无论在全国何处工作,均根据"社会保障号"登记缴纳工薪税记录,并以此获得养老金给付待遇。计发养老金依据的是全国社会平均工资,因此,美国不存在养老保险的转移接续问题。

当然,美国这种全国统一无差别的简单模式也存在一定的弊端,例如同样的养老金收

入,在物价很高的纽约市居住可能入不敷出,而在相对落后的阿拉巴马州居住,收入则可能相对宽裕。由于美国老人与子女间的关系相对东方人而言更加松散,加上美国人习惯于迁徙居住,老年人可以在退休后选择物价相对较低的地区居住,从而避免了上述弊端。

我国也曾经出现过美国的上述情况。20世纪80年代以后,十多万名上海知青在云南、贵州、江西、新疆、黑龙江等地办理退休以后陆续返回上海生活,出现了养老金收入过低,难以在上海生活的困境。从1993年起,由上海市财政拨款,通过各种渠道对支内退休回沪定居人员给予生活帮困和医疗帮困。

(三)中国现行模式

《暂行办法》规定了我国现行的养老保险转移接续办法,涉及基础养老金的主要条款有三:

第一,在户籍所在地的,由户籍所在地经办机构负责养老金的发放。不在户籍地的又分为三种情况:①在工作地累积缴费满10年的,由工作地负责;②不满10年的,将关系转回到上一个满10年的参保地,由该地负责养老保险金的发放;③没有累积满10年的,将关系转回户籍所在地,由户籍所在地负责。

第二,参保人员转移接续基本养老保险关系后,符合待遇领取条件的,按照《国务院关于完善企业职工基本养老保险制度的决定》(国发〔2005〕38号)的规定,以本人各年度缴费工资、缴费年限和待遇领取地对应的各年度在岗职工平均工资计算其基本养老金。

第三,统筹基金(单位缴费)的转移资金计算方法是:以本人1998年1月1日后各年度实际缴费工资为基数,按12%的总和转移,参保缴费不足1年的,按实际缴费月数计算转移。

二、转移接续三大模式的比较

我国现行的基础养老金计发办法是:

基础养老金=退休前一年社平工资×(1+本人指数)/2×工作年限×1%

将上述公式用字母代替,即:

$$P = C_n \frac{1+w}{2} N \times 1\%$$

(一)转移接续三大模式的计发办法

假定某人从现在开始连续缴费 N 年,期间工作有一次变动。我们假设两种情况:①从A地(社会平均工资较低)调动到B地(社会平均工资较高);(2)从B地(社会平均工资高)调动到A地(社会平均工资较低)。其在A地工作了 N_a 年,在B地工作了 N_b 年,且两地合计为 N 年。其在A地第一年月平均缴费工资为 X_1^a,在B地第一年月平均缴费工资为 X_1^b,以后每年以 α 的速度增长:

$$X_i^a = X_{i-1}^a \times (1+\alpha) \quad X_i^b = X_{i-1}^b \times (1+\alpha)$$

两地第一年的在岗职工平均工资分别为 C_1^a 和 C_1^b,以后每年以 β 的速度增长:

$$C_i^a = C_{i-1}^a \times (1+\beta) \quad C_i^b = C_{i-1}^b \times (1+\beta)$$

1. 欧盟模式

欧盟模式的养老金计算方式是分别计算参保者在不同参保地的养老金,然后累计相

加即为所得,计算公式如下:

$$P_1 = P_a + P_b = C_n^a \frac{1+w_1^a}{2} N_a \times 1\% + C_n^b \frac{1+w_1^b}{2} \times N_b \times 1\%$$

$$w_1^a = \sum_{i=1}^{N_a}(C_i^a \div C_i^a) \div N_a$$

$$w_1^b = \sum_{i=1}^{N_b}(C_i^b \div C_i^b) \div N_b$$

其养老金的替代率有两种情况,即分别在 A、B 两地退休,其养老金替代率为:

(1)在 A 地退休,替代率为:

$$R_1 = (P_1 + P_2)/C_n^a$$

(2)在 B 地退休,替代率为:

$$R_2 = (P_1 + P_2)/C_n^b$$

很明显,在欧盟模式下,选择在低工资的 A 地退休有着较高的替代率和生活质量。因为在这种模式下,个人的养老金总额是确定的,若退休地的工资水平高,其替代率就低;反之,替代率就高。

2. 美国模式

美国模式就是全国统筹模式,以全国统一的社会平均工资作为养老金缴费和计发的标准,与参保人的工作地和退休地平均工资无关,计算公式如下:

$$P_2 = C_n^{全国} \frac{1+w_2}{2} N \times 1\%$$

其中,$C_n^{全国}$ 为全国第 N 年的社会平均工资,且 w_2 满足如下公式:

$$w_2 = \left[\sum_{i=1}^{Na}(x_i^a \div C_i^{全国}) + \sum_{i=Na+1}^{N}(x_i^b \div C_i^{全国})\right] \div N$$

按替代率计算公式,可分别算得 A、B 两地的基本养老保险替代率,A、B 两地退休的养老保险替代率为:

$$R_3 = \frac{1+w_2}{2} N$$

因此,在基本养老退休金相同的情况下,其替代率的大小与本人缴费指数(退休前缴费工资)成反比。

3. 我国现行模式

我国《暂行办法》规定,其养老金先确定参保者的退休地,然后将其各阶段缴费以退休地的社平工资为基准来计算个人的指数化工资,最后以退休地上年社平工资为基础结合个人的缴费年限来计算参保者的养老金。因为退休地的区别,其计算的个人缴费指数也会有不同,在 A、B 两地的养老金待遇也不同:

$$w_3^a = (\sum_{i=1}^{Na} x_i^a + (\sum_{i=1}^{Nb} x_i^b)/C_i^a/N$$

$$w_3^b = (\sum_{i=1}^{Na} x_i^a + (\sum_{i=1}^{Nb} x_i^b)/C_i^b/N$$

在 A、B 两地的基本养老保险替代率为 R_3^a 和 R_3^b,计算公式如下:

(1)在 A 地退休,替代率为:

$$R_3^a = \frac{(1+w_3^a)}{2}N$$

(2)在 B 地退休,替代率为:

$$R_3^b = \frac{(1+w_3^b)}{2}N$$

不难发现其替代率的大小取决于"本人指数",即参保者的终身缴费工资水平和其退休地上一年社会平均工资的比例。

(二)转移接续三大模式计算示例

1. 前提假设

为了更加形象地比较欧盟模式、美国模式和我国现行模式之间的异同,本文从中国31个省份中选择具有代表性的3个地区(北京、内蒙古和河南)进行社会统筹的基础养老金社会计算,以此来进行分析比较。2014年北京、内蒙古和河南的在岗职工年平均工资分别为103 400元、54 460元和42 670元,在31个省份排名分别为第1名、第12名和第31名,作为收入最高、收入中等和收入最低省份的代表。模型测算有以下假设:

(1)个人的缴费工资等于其工作地的社会平均工资,且上述三个地区和全国平均工资均同比例增长:$C_i^n = X_i^n$。

(2)其工作年限为38年,且参保人在进行工作变动不会中断养老保险的缴费,即 A、B 两地共工作了38年。

(3)只在不多于两个地区工作,且在每个地区工作的年限分三种,分别是10年、19年、28年,即 $N_a(N_b)$ 可以分别取值10、19、28,且取值满足(2)中的条件,其中取10年是因为目前我国现行养老金转移接续中规定:在最后工作地至少工作10年才能在最后工作地退休,当然欧盟模式和美国模式中无两地工作年限的特殊规定。

2. 计算结果

经过计算,我们得出各种情况下的基础养老金绝对额与替代率(表中纵轴为退休地,横轴为首次的工作地),如所表1和表2所示。

表1　　　　　　　　　　　三省市交叉养老金绝对额　　　　　　　　　　单位:元

退休地	计算方法	首次工作地								
		北京			内蒙古			河南		
		10年	19年	28年	10年	19年	28年	10年	19年	28年
北京	欧式		39 292.00		25 588.80	29 993.40	34 398.00	22 287.60	27 753.30	33 219.00
	美式		30 544.36		23 692.99	25 895.29	28 097.59	22 042.39	24 775.24	27 508.09
	中式		39 292.00		32 440.40	34 642.70	36 845.00	30 789.80	33 522.65	36 255.50
内蒙古	欧式	34 398.00	29 993.40	25 588.80		20 694.80		17 393.60	18 454.70	19 515.80
	美式	28 097.59	25 895.29	23 692.99		21 244.85		19 595.39	20 125.94	20 656.49
	中式	27 546.40	25 344.10	23 141.80		20 694.80		19 044.20	19 574.75	20 105.30

续表

退休地	计算方法	首次工作地								
		北京			内蒙古			河南		
		10年	19年	28年	10年	19年	28年	10年	19年	28年
河南	欧式	33 219.00	27 753.30	22 287.60	19 515.80	18 454.70	17 393.60	16 214.60		
	美式	27 508.09	24 775.24	22 042.39	20 656.49	20 125.94	19 595.39	19 005.22		
	中式	24 716.80	21 983.95	19 251.10	17 865.20	17 334.65	16 804.10	16 214.60		

注:①表中的 10 年、19 年和 28 年分别表示在退休地工作了 10 年、19 年和 28 年。
②为简便计算,假设工资增长率为 0,不影响结果的分析。

表 2　　　　　　　　　　　三省市交叉养老金替代率　　　　　　　　　　　单位:%

退休地	计算方法	首次工作地								
		北京			内蒙古			河南		
		10年	19年	28年	10年	19年	28年	10年	19年	28年
北京	欧式	38.00			24.75	29.01	33.27	21.55	26.84	32.13
	美式	29.54			22.91	25.04	27.17	21.32	23.96	26.60
	中式	38.00			31.37	33.50	35.63	29.78	32.42	35.06
内蒙古	欧式	63.16	55.07	46.99	38.00			31.94	33.89	35.84
	美式	51.59	47.55	43.51	39.01			35.98	36.96	37.93
	中式	50.58	46.54	42.49	38.00			34.97	35.94	36.92
河南	欧式	77.85	65.04	52.23	45.74	43.25	40.76	38.00	
	美式	64.47	58.06	51.66	48.41	47.17	45.92	44.54	
	中式	57.93	51.52	45.12	41.87	40.62	39.38	38.00	

注:①表中的 10 年、19 年和 28 年分别表示在退休地工作了 10 年、19 年和 28 年。
②替代率是参保人的养老金占退休地社会平均工资的比重。

三、计算结果分析

(一)三种计算模式的养老金绝对额差异分析

直接比较养老金绝对额没有意义,因为参保人的历史缴费额是有所差异的。因此,我们仅考虑在参保人缴费水平不变情况下,计发办法差异对养老金待遇的影响。

如果参保人终身在同一省份参保,那么欧盟模式与中国现行模式没有差异,养老金给付绝对额是相同的,养老金给付额只与本省平均工资挂钩,与其他省份的平均工资没有关联。在美国模式下,养老金给付额受全国平均工资影响,存在"劫富省、济贫省":高收入省份的养老金给付额低于欧盟模式下的给付额,如表1,以北京市为例,欧盟模式和中国现行模式下的养老金给付额为 39 292.00 元,而美国模式下的养老金给付额为 30 544.36 元;而在低收入省份,情况则刚好相反。

在欧盟模式下,养老金给付绝对额与退休地无关,只与缴费工资高低有关。在上述计算中,我们假设各省份的工资增长率相同且保持恒定,那么参保人如果工作38年,无论是前10年在北京工作,后28年在河南工作并退休,还是前28年在河南工作,后10年在北京工作并退休,计算结果都是相同的。

在美国模式下,养老金给付绝对额与退休地无关,只与缴费工资高低有关,与欧盟模式相同。由于美国模式是全国范围内进行养老保险的收入再分配,再分配力度高于欧盟模式,所以在美国模式下,对于工资高于全国平均工资的参保人而言,其养老金待遇低于欧盟模式下的计算值;对工资低于全国平均工资的参保人而言,其养老金待遇高于欧盟模式下的计算值。

在中国现行模式下,养老金给付绝对额与退休地有关,受两个因素影响(w 和 C):

$$P_{退休地} = C_n^{退休地} \frac{1+w_{退休地}}{2} N \times 1\%$$

如果在高收入省份,一方面,参保人的"本人指数"w 可能因当地平均工资较高而更低,但是"本人指数"在计发公式中被平均了,一定程度上降低了其影响;另一方面,计发标准 C_n 是高收入省份平均工资,拉高了养老金给付额。这两个影响因素,一正一反,后者影响更大,所以,在高收入省份退休的养老金给付额更高一些。例如,参保人如果工作38年,前10年在北京工作,后28年在河南工作并退休,则养老金给付额为19 251.10元;如果前28年在河南工作,后10年在北京工作并退休,则养老金给付额为30 789.80元。

(二)三种计算模式的养老金替代率差异分析

经过比较,我们发现如下规律:

如果参保人终身在同一省份参保,那么欧盟模式与中国现行模式没有差异,养老金替代率均为38%;在美国模式下,替代率因省份而有所差异,在高收入省份,其替代率低于38%,而在低收入省份,其替代率高于38%。此中原因是美国模式系全国统筹,进行了省际间的收入再分配。

在欧盟模式下,参保人领取到的养老金缺少全国范围内统筹调整,不会因为退休地的差异而不同,养老金替代率只跟退休地的社平工资负相关。例如,在社平工资较低的河南省工作较长年限(28年),那么最后10年在北京工作并退休,其养老金替代率为21.55%,但若先在北京工作,后在河南工作并退休,其养老金替代率却高达52.23%。

$$R_{京}^1 = (P_{京}+P_{豫})/C_{京} = 21.55\%$$
$$R_{豫}^1 = (P_{京}+P_{豫})/C_{豫} = 51.66\%$$

在美国模式下,通过以全国社平工资为计算标准,真正统筹协调了全国各个地区的基础养老金。对于低工资地区,全国平均工资拔高了参保者的养老金计发标准,而对于高工资地区,全国的社平工资又拉低了其养老金计发标准,从而缩小了地区差距,但替代率差异较大(与退休地工资水平呈反比)。例如,只要在河南工作28年,在北京工作10年,无论在何地退休,养老金均为22 042.39元,但替代率差异较大,在北京、河南退休的养老金替代率分别为21.32%、51.66%,原因是河南的社会平均工资仅为北京的41.27%。

$$R_{京}^2 = P_{全国}/C_{京} = 21.32\%$$
$$R_{豫}^2 = P_{全国}/C_{豫} = 51.66\%$$

在我国现行模式下,养老金给付绝对额与退休地有关,存在正反两个影响因素(前文已述),结果是:收入越高的省份,养老金给付额也越高。但受当地社会平均工资影响,参保人在高收入省份退休可领取更高的养老金绝对额,但替代率却更低。举例如下:在河南工作28年,再到北京工作10年并退休,养老金为30 789.80元,替代率为29.78%;在北京工作10年,再到河南工作28年并退休,养老金为19 251.10元,替代率为45.12%。

四、三种模式的公平性、效率性比较分析

上文测算结果表明,三种模式在三个地区交叉工作退休,养老金给付额与替代率有很大的差别,那么该如何去评价或者比较这三种模式的优劣呢？本文从以下两个方面进行分析。

(一)三种模式下的收入再分配效应分析

在三种模式中,美国模式的公平程度最高,能有效降低退休后不同地区的养老金差距,且这种差距远低于社平工资的差距(初次分配的差距)。如表1所示,以北京和河南为例,北京的社平工资是河南的1.90倍,工作38年之后,北京退休的养老金仅为河南养老金的1.61倍,而且河南的养老金替代率为44.54%,高出北京15个百分点。

其计算所得的替代率低于同等调节下欧盟分段模式的替代率。例如,参保人先在北京分别工作10年、19年、28年,剩余时间均在河南工作,那么现行模式下的基础养老金替代率分别为45.4%、52.0%、58.6%,较欧盟模式分别低7.4%、14.0%和20.6%。同样,对于从低收入地区往高收入地区转换工作的参保者,其在现行模式下能获得优于欧盟分段计算标准福利待遇,即有更高的养老金。例如,参保人先在河南分别工作10、19、28年,剩余时间均在北京工作并退休,那么我国现行模式下的基础养老金替代率分别为29.78%、32.42%、35.06%,较欧盟模式分别高8.23%、5.58%和2.93%。

因此,单就三种模式对于养老金的调剂作用来看,美国模式能最有效地缩减工资差异导致的养老金差距(调节力度最大),我国现行模式次之,欧盟模式最弱。我国现行模式主要调剂两个工作地区的养老金差异,两个地区社平工资差异越大,其调整力度就越大;欧盟模式不涉及养老金的跨地区调剂,更多的是地区内高、低收入者之间的调剂。

(二)三种模式下的制度效率性分析

我们从人口理论角度进行分析。解释人口流动的理论有很多,其中较为适用中国国情的是博格的拉力理论和舒尔兹的成本效益理论。前者认为人口流出地存在着一种推力(资源枯竭、劳动力过剩等)和一种拉力(家庭团聚、熟悉的社交网络等),两者共同影响,当推力占据主导地位时,人口自然产生流动;后者认为一个考虑转移的劳动者会根据迁移时的机会成本和收益来决策其是否转移,其主要衡量指标有货币成本和非货币成本。根据上述理论,在工作阶段,为追求高工资,参保者从低收入地区向高收入地区转移是一个"明智"的选择。到了退休阶段,由于我们政策没有对退休金领取地和户籍地有明确的规定,参保者面临一个新的问题——选择退休生活地。这时存在四种可能:①参保者选择生活成本较小、气候较好的城市(或是生活成本较低的城市郊区,还可兼顾高水平医疗服务的可获得性);②由于中国人"叶落归根"的乡土情结,回到原籍地居住;③跟着子女,前往子

女的居住地居住;④留在原来长期工作的地方居住。

一种较大的可能性是,参保者可能在退休生活地确定的情况下逆向选择工作地,以此来获得更多的退休金。在三种模式中,美国模式和欧盟模式下,养老金的计发均与工作地无关,不会影响参保者对工作地的选择。而在我国现行模式下,其养老金的计发是以当地社平工资为计算标准,因而存在着一定的政策性的套利空间。谭中和以深圳市的数据说明了这一问题是客观存在的:2013 年从外省转入深圳的参保者中,30~50 岁人员占 74.81%,其中 40~50 岁的占 41.62%。转出人员中,20~30 岁的占 49.86%,而 40~50 岁的人员转出只有 14.33%。这说明深圳作为社会保险待遇较高的地区,接近退休领取待遇人员倾向于在深圳享受养老金待遇(但未必会留在深圳度过晚年生活)。

尽管《暂定办法》规定了养老金发放地 10 年的最低工作年限(排除了男性 50 岁和女性 45 岁以上),但不能排除更年轻的工人去高工资地区工作,进行养老退休筹划。以平均工资较低的河南为例,按照上文假设,如果参保人 38 年均在河南工作并退休,养老金为 16 214.60 元,但若最后 10 年去工资最高的北京,那么其在北京的退休工资为 30 789.80 元。另外,现行政策也没有细化居住地和养老金计发地的相关政策,使得参保者在北京领养老金,在河南生活成为可能。根据计算,上述养老筹划使得参保者在河南的养老金替代率高达 72.16%,远远高于本地常规的 38%,两地的替代率差值高达 34.16%,远高于欧盟模式和全国统筹模式。

与此同时,我国现行模式的计发方法可能使高收入地区参保者不愿向低收入地区流动。因为一旦从高收入地区迁往低收入地区工作,其退休金的计算是以低收入地区的社平工资来计算,造成了福利损失。举例来说,在我国现行模式下,参保者在北京工作 28 年,最后 10 年到河南工作并退休,其养老金为 24 716.80 元,而如果一直在北京参保(38 年),则其养老金将达 39 292.00 元,可以说最后 10 年到河南去工作,损失较大。因此,现行模式对参保者在职业生涯后期去低收入地区工作起了反向激励的作用,对于低收入地区的人才引进和劳动力双向流动十分不利。张力、范春科指出,来自农村的就业人口一般从低收入地区流向高收入地区,而发达地区落户政策的限制,使其中大部分就业人口退出劳动力市场时只能选择返乡养老。更可怕的是,如果农民工发现随着年龄的增大,已无法在高收入地区找到合适的工作,但如果把养老保险关系转回老家,养老金待遇又面临降低,这部分农民工有可能选择参保 15 年以后,就不再在老家参保,这样既给农民工带来了风险(养老金收入降低),又导致我国养老保险参保人数的下降,影响收支平衡。

此外,美国模式与我国现行模式存在较大差异,若采用美国模式,也就意味着我国的养老金计发办法也要做相应的调整,甚至涉及整个养老金体制的改革。加之我国目前连真正的省级统筹都尚未实现,存在着一定的障碍,很难在短时间内真正形成全国统筹。欧盟模式不涉及对中国目前养老体制的改革,也不涉及地方利益的转移,只要求地方政府承担与其权利(参保者缴费)相匹配的义务即可。因此,在三种模式中,欧盟模式更适合中国国情。

(三)三种模式下的地区公平性分析

《暂行办法》规定,参保人员跨省转移基本养老保险关系时,统筹基金(单位缴费)以本人各年度实际缴费工资为基数,按 12% 的总和转移。这就涉及地方政府之间的利益问题。

本文不探讨12%的比例是否合适（能否保证养老金在转出地短期支付和转入地长期支付的动态平衡），只探讨参保者的流动及其对地方政府的影响。

如图1所示，高收入、低收入省份之间存在大量的参保人员流动，可能性很多：高收入地区的高、中、低收入者都可能流向低收入地区；反之，低收入地区的高、中、低收入者也可能流向高收入地区。

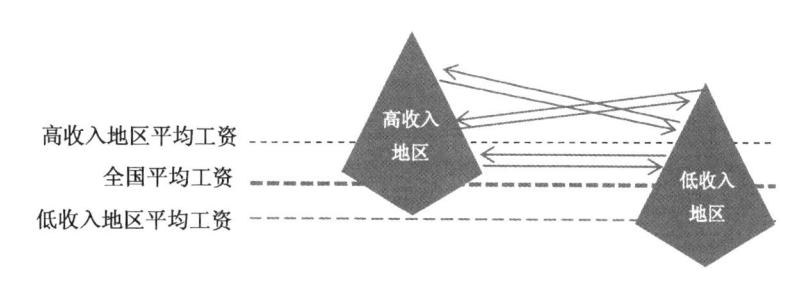

注：图中的"钻石"形代表一个地区的收入分布，高收入者数量少，中等收入者数量最多，最低收入者数量也少。

图1 高收入、低收入省份的参保人员流动

从风险中性角度来看，劳动者流动时，基本养老保险关系从A地转到B地，再由B地流到C地，先假设不论中间经历了多少流转地，最后都由C地承担其基本养老金。那么，A地、B地转入的单位缴费部分必须等于劳动者一直在C地参保缴费时的单位的缴费，才能保证C地在这次养老保险关系转移接续中的利益得到保障，有足够的基本养老金支付，而不需要侵占C地来自于其他人缴纳的养老保险费。现实情况是，劳动力输入省份往往因养老基金结余大而降低费率（费率为12%～16%），而劳动力输出省份因老龄化程度恶化而提高缴费率（费率为20%左右），在这种情况下，对于劳动力输入省份而言，参保者迁出将带走12%，还留有部分单位缴费（0～4%），但对于劳动力输出省份而言，该参保者迁入只带来了12%的单位缴费，低于本地同等收入水平劳动者的单位缴费（20%左右）。因此，我国现行模式对缴费率较高的地区（一般也是老龄化程度较高的地区或人口输出省份）较为不利，对缴费率较低的地区较为有利。

我国养老金计发办法中内嵌有"劫富济贫"的收入再分配机制"(1+本人指数)/2"，存在高收入者补助低收入者的机制。因此，高收入者养老保险关系的迁入受到所有省份的欢迎。反之，如果低收入的农民工返乡领取养老金，即使这些农民工把单位缴纳的统筹基金全部迁移回来，实际上本地政府仍是吃亏的，因为这些农民工的历史工资水平偏低，回乡领取养老金时，统筹基金会自动对其补助，可能导致该省份的养老统筹基金面临支出压力。当前，我国农民工的养老保险跨省转移占了很大的比重，2012年，全国办理参保农民工基本养老保险关系跨省转续30.5万人次，占全国跨省转续人次的26.6%。随着农民工老龄化程度的提高，预计回乡领取养老金的概率很高，将给部分省份带来一定的支付压力。对于农民工输入省份而言，农民工年轻时为当地奉献青春，收入很低，年老时，又返乡领取养老金，不参加这些高收入省份（农民工输入省份基本上都是高收入省份）的"贫富共济"，存在高收入地区"剥削"低收入地区。

近年来,我国各省份的在岗职工年平均工资差距总体上保持稳定(见表3),因此,美国模式(即全国统筹)实施的优势还不算突出。而且,采用美国模式,涉及每位参保人的养老金待遇调整、地方政府养老基金结余整合等重大问题,影响面广,短期内难以完成。

表3　　　　　　　　我国在岗职工年平均工资最高、最低的省份以及倍数

	2008年	2009年	2010年	2011年	2012年	2013年	2014年
收入最高	上海	上海	上海	上海	北京	北京	北京
收入最低	江西	江西	江西	甘肃	河南	河南	河南
倍数	269.36%	257.33%	247.06%	235.40%	224.74%	242.24%	242.32%
变异系数	30.67%	27.95%	27.54%	25.30%	23.48%	24.02%	24.13%

注:倍数=收入最高省份的社平工资/收入最低省份的社会平均工资。
资料来源:各年《中国统计年鉴》。

五、结论

养老接续问题的实质是参保者在不同地区参保,各地区如何来确定其应承担的相应养老金给付义务。在三种模式中,美国模式从根本上来保障流动劳动者的养老福利,且调剂的力度最大,但与现行碎片化的养老保险机制不匹配,可以作为远期目标。我国现行模式能很好地界定地方政府责任,但"打折"的统筹资金转移方式不利于理清地方政府责任,其以退休地为养老金计算标准的"一刀切"模式也存在着制度漏洞。反观欧盟模式,由各地负责对应年限的养老金给付义务能明确各地政府责任,"分段计算、累计计发"也能有效杜绝制度套利行为,真正促进劳动力的自由流动。

总的来看,欧盟模式不仅遵循了社会保险"权利与义务对应"的原则,而且与中国国情较为匹配。首先,欧盟模式能保障劳动者在养老保险关系接续过程中的利益不受损害,保障和促进劳动力的自由流动;其次,欧盟模式能有效理顺地方政府间关系,使劳动力输入地区与输出地区保持利益平衡,责任与义务对等。在短期实现全国统筹无望的情况下,采用欧盟模式是较为可行的现实选择。

需要指出的是,由于本文在模型测算中为了追求简洁直观,假设参保人在易地就业后,相对工资水平不发生改变,即原来在A地工作,工资为A地的平均工资,到了B地工作以后,工资变成了B地的平均工资,这种假设存在一定的计算偏差。

参考文献:
[1]李牧.近半受访者退休后或离开旧金山湾区　生活成本太高[N].人民日报,2014-03-01.
[2]孟洁冰.婴儿潮一代纽约客计划退休搬离纽约州[N].侨报,2014-09-10.
[3]钟水映.人口流动与社会经济发展[M].武汉:武汉大学出版社,2000.
[4]董克用,王丹.欧盟社会保障制度国家间协调机制及其启示[J].经济社会体制比较,2008(4).
[5]谭中和.探索进一步完善职工基本养老保险跨省转移接续办法[J].中国劳动,2015(11).
[6]张力,范春科.中国城镇职工基本养老保险流动性分析[J].中国人口科学,2015(5).
[7]郑功成.加快实现基本养老保险全国统筹[J].中国人大,2012(5).

《公共治理评论》稿约

1.《公共治理评论》是由上海财经大学公共政策与治理研究院主办的学术文集,每年出版两辑。《公共治理评论》坚持兼容并蓄的原则,体现公共治理主体多元性、视角多面性的特色,并注重社会研究方法的科学性和前沿性。欢迎海内外学者赐稿。

2.《公共治理评论》设"专题讨论"、"公共财政"、"公共管理"等栏目。每期"专题讨论"的主题由编辑委员会确定;"公共财政"和"公共管理"是固定特色专栏。

3. 论文篇幅一般以1万~1.5万字(包括注解、图表和文献)为宜。

4. 来稿应为电子文本,并需要符合《公共治理评论》文稿体例(见附件)。

5. 凡在《公共治理评论》上发表的文字并不代表《公共治理评论》的观点,作者文责自负。

6.《公共治理评论》编辑部有权对来稿按稿例进行修改。不同意修改者请在投稿时注明。每期执行主编负责具体工作。

7. 关于版权转让问题:稿件在《公共治理评论》发表后,该文的著作权专有许可使用权和独家代理权授予上海财经大学公共政策与治理研究院。上海财经大学公共政策与治理研究院对该文具有以下专有许可使用权:汇编权(文章的部分或全部)、印刷权和电子版的复制权、翻译权、网络传播权、展览权、发行权及许可文献检索系统或数据库收录权。

8. 来稿请附作者署名、真实姓名、所属机构、职称学位、学术简介、通讯地址、电话、电子邮箱,以便联络。来稿请寄:publicgovernance@sina.com。

9. 投稿论文采用国际通行的匿名审稿制度。作者请勿一稿多投,一经发现将严肃处理。来稿3个月内未收到采用通知的,作者可自行处理。

附件：

《公共治理评论》文稿体例

1. 文稿由文章名、作者署名、摘要、关键词、正文、参考文献、脚注组成。

2. 作者署名右上方以＊标注，在对应脚注中注明作者简介，至少包括姓名、所在单位及所属院系或部门、职称等内容。作者简介的脚注格式如下：

＊作者简介：姓名，××大学××学院副教授。

3. 摘要是对论文内容的简短陈述，一般是用极简要的语言将论文的主要研究途径、主要观点和结论加以概括和提炼。字数在200字左右。

4. 关键词又称主题词。选取原则是最能表达论文中心内容、标志论文主题的若干单词、词组或术语。关键词一般选择3~5个，按检索范围趋大的顺序排写。

5. 正文要求结构合理、条理清晰、观点明确、文字流畅。正文需分层次叙述的，可设置如下目（根据需要，可以越层）：

一、××××　　　　　　（无标点）
（一）××××　　　　　（无标点）
1.×××××××。　　　（有标点）
（1）×××××××。　　（有标点）
①×××××××。　　　（有标点）

6. 脚注（页末注）是对论文正文文句的注释，一般设置在须注释部分的当页页脚。脚注以数字加圆圈（如①）作为序号依次排列。每页脚注序号均从①开始排列。对于引用、参考、借鉴其他文献之处，不反映在脚注中，一律以文后参考文献注明。

7. 参考文献是写作论文时所引用、参考、借鉴的文献书目。文后应以作者姓氏拼音为序列出参考、借鉴的文献书目。参考文献的著录格式应符合国家有关标准：

（1）专著：

著录格式：[序号]主要责任者.题名：其他题名信息[文献类型标志].其他责任者.版本项.出版地：出版者，出版年：引文页码[引用日期].获取和访问路径.

示例：

[1]余敏.出版集体研究[M].北京：中国书籍出版社，2001：179－193.

[2]昂温·G，昂温·P.S.外国出版史[M].陈生铮，译.北京：中国书籍出版社，1988.

[3]全国文献工作标准化技术委员会第七分委员会.GB/T 5975—1986 中国标准书号[S].北京：中国标准出版社，1986.

[4]辛希孟.信息技术与信息服务国际研讨会论文集：A集[C].北京：中国社会科学出版社，1994.

[5]王夫之.宋论[M].刻本.金陵：曾氏，1845（清同治四年）.

[6]赵耀东.新时代的工业工程师[M/OL].台北：天下文化出版社，1988[1988－09－26].http：//www.ie.nthu.edu.tw/info/ie.newie.htm(Big5).

［7］PEEBLES P Z，Jr. Probability，random variable，and random signal principles［M］.4th ed. New York：McGraw Hill，2001.

（2）专著中析出的文献：

著录格式：［序号］析出文献主要责任者.析出文献题名［文献类型标志］.析出文献其他责任者//专著主要责任者.专著题名：其他题名信息.版本项.出版地：出版者，出版年：析出文献的页码［引用日期］.获取和访问路径.

示例：

［1］陈晋镳，张惠敏，朱士兴，等.蓟县震旦亚界研究［M］//中国地质科学院天津地质矿产研究所.中国震旦亚界.天津：天津科学技术出版社，1980：56－114.

［2］马克思.关于《工资、价格和利润》的报告札记［M］//马克思，恩格斯.马克思恩格斯全集：第44卷.北京：人民出版社，1982：505.

［3］钟文发.非线性规划在可燃毒物配置中的应用［C］//赵玮.运筹学的理论与应用：中国运筹学会第五届大会论文集.西安：西安电子科技大学出版社，1996：468－471.

［4］WEINSTEIN L，SWERTZ M N. Pathogenic properties of invading microorganism［M］//SODEMAN W A，Jr.，SODEMAN W A. Pathologic physiology：mechanisms of disease. Philadelphia：Saunders，1974：745－772.

（3）连续出版物：

著录格式：［序号］主要责任者.题名：其他题名信息［文献类型标志］.年，卷（期）－年，卷（期）.出版地：出版者，出版年［引用日期］.获取和访问路径.

示例：

［1］中国地质学会.地质论评［J］.1936，1(1)－ .北京：地质出版社，1936－.

［2］American Association for the Advancement of Science. Science［J］.1883，1(1)－. Washington，D.C.：American Association for the Advancement of Science，1883－.

（4）连续出版物中析出的文献：

著录格式：［序号］析出文献主要责任者.析出文献题名［文献类型标志］.连续出版物题名：其他题名信息，年，卷（期）：页码［引用日期］.获取或访问路径.

示例：

［1］李晓东，张庆红，叶瑾琳.气候研究的若干理论问题［J］.北京大学学报：自然科学版，1999，35(1)：101－106.

［2］傅刚，赵承，李佳路.大风沙过后的思考［N/OL］.北京青年报，2004－04－12(14)［2005－07－12］.http：//www.bjyouth.com.cn/Bqb/20000412/GB/4216％5ED0412B1401.htm.

［3］莫少强.数字式中文全文文献格式的设计与研究［J/OL］.情报学报，1999，18(4)：1－6［2001－07－08］. http：// periodical. wanfangdata. com. cn/periodical/qbxb/qbxb99/qbxb9904/990407.htm.

［4］CAPLAN P. Cataloging internet resources［J］.The Public Access Computer Systems Review，1993，4(2)：61－66.

（5）专利文献：

著录格式：[序号]专利申请者或所有者.专利题名：专利国别，专利号[文献类型标志].公告日期或公开日期[引用日期].获取和访问路径.

示例：

[1]西安电子科技大学.光折变自适应光外差探测方法：中国，01128777.2[P/OL].2002—03—06[2002—05—28].http：//211.152.9.47/sipoasp/zljs/hyjs-yx-new.asp? recid＝01128777.2&leixin＝0.

[2]TACHIBANA R，SHIMIZU S，KOBAYSHI S，et al. Electronic watermarking method and system：US，6，915，001[P/OL].2002—04—25[2002—05—28].http：//patft-tuspto.gov/netacgi/nph-Parser? Sect1＝PTO2&Sect2＝HITOFF&p＝1&u＝/netahtml/search-bool.html&r＝1&f＝G&1＝50&col＝AND&d＝ptxt&sl＝'Electronic＋watermarking＋method＋system'.TTL..& OS＝TTL/.

（6）电子文献：

著录格式：[序号]主要责任者.题名：其他题名信息[文献类型标志/文献载体标志].出版地：出版者，出版年（更新或修改日期）[引用日期].获取和访问路径.

示例：

PACS-L：the public-access computer systems forum[EB/OL].Houston，Tex：University of Houston Libraries，1989[1995—05—17].http：//info.lib.uh.edu/pacsl.html.

文献类型和标志代码：

普通图书	M	报纸	N	报告	R	数据库	DB
会议录	C	期刊	J	标准	S	计算机程序	CP
汇编	G	学位论文	D	专利	P	电子公告	EB

电子文献载体和标志代码：

磁带（magnetic tape）	MT
磁盘（disk）	DK
光盘（CD-ROW）	CD
联机网络（online）	OL